魚を抱いて

私の中の映画とドラマ

カバー・イラスト　東　直子
装丁　名久井直子

目次

はじめに……6

『火の魚』 本のめぐりを生きる緋……8
『2001年宇宙の旅』 未来を見る未来……14
『アンという名の少女』 フェミニストとしてのアン……20
『耳に残るは君の歌声』 忘れないで、でも、忘れて……26
『野のななのか』「やさしさ」のための遺言……32
『ビッグ・フィッシュ』 ありったけの愉快な嘘を……39
『山の郵便配達』 見たことのない懐かしい道……46
『すいか』 居てもいい場所で、生きる……53
『はちどり』 一四歳、意志の火をともす……60
『平清盛』 ひたむきに夢みた海の都……67

『パリ、テキサス』　砂地をつらぬく長い道……74
『トニー滝谷』　あなたに足りないものはなに?……82
『過去のない男』　人生は後ろには進まない……90
『あのこは貴族』　窓を見る、ドアを開く……98
『リリーのすべて』　身体の奥から生まれた願い……106
『あまちゃん』　一人残らず好きになる……114
『サイダーハウス・ルール』　生きていくための儀式……122
『スナック　キズツキ』　ノンアルコールスナックの自由……130
『友だちのうちはどこ?』　ジグザグ道に希望を託して……137
『歩いても　歩いても』　確かに生きていた……144
『いつか読書する日』　長い長い階段と恋……151

光の名前　～映画短歌～……159
『8½』……160
『地球は女で回ってる』……161
『あ、春』……162
『富江』……163
『夢』……164
『日の名残り』……165
『火火』……166
『ミス・ポター』……167
『転々』……168
『アダムス・ファミリー2』……169
『オアシス』……170
『バベットの晩餐会』……171

はじめに

初めて友達と映画館で映画を観たのは、広島に住んでいた頃。確か中学一年生のときで、路面電車に乗って街中に行き、実写版の『シンデレラ』を観ました。ストーリーはよく知っているので物語を復習するように観つつ、胸が大きく開いた色っぽい衣装にはっとしたり。映画を観たあと、友達に誘われてマクドナルドのハンバーガーを初めて食べたのもよい思い出です。

映画館独特の、少し甘い匂いのするあたたかな薄闇は、非日常へ誘われる心の旅でした。大学生の頃は、過去の映画を五〇〇円で二本観られた名画座に足しげく通いました。

二〇〇〇年代の初め頃、短歌の友達と一緒に映画を観てお茶を飲んで感想を分かち合い、短歌を作るということを何度かしたことがあります。この本に収めた『山の郵便配達』と『サイダーハウス・ルール』は、そのときに観た映画でもあります。また、映画だけでなく、心に残ったテレビドラマについても扱っています。

映画やドラマに触発されて作った短歌は、その細部を新しく記憶でき、自分の感覚をまじえてその世界を胸にしまっておけるような気がします。さらに、映像として体験した世界を、そこに生きている人をいとおしく思い、讃えるような気持ちで絵を描きました。

最近では、様々な配信サイトで映画やドラマなどの過去作品を、自分の部屋で、自分の

はじめに

好きなときに自分のパソコンやスマホで観ることができるようになりました。この映画も、あの映画も、観ることができるの⁉　と、配信サイトを検索しては興奮しました。なんて夢のようなシステムかと。しかしいざとなると、さて何を観ようか、迷いました。

かつて観た映画をまた観たい。いや、最新のものも観たい。偶然見つけた、こんなタイトルの映画も気になる。はてさて、はてさて。贅沢な悩みを悩みました。この本がそんな迷いを抱きながら映画やドラマのデータの海をさまよっている方の、参照になればと思います。

かつてどこかで観て心に残っていた映像作品を、配信サイトを駆使して改めて観直しました。一度観ただけでは気づかなかった工夫に気付いたり、脇にいる人の気持ちに改めて気付いたり、その人に合ったファッションに関心したり、風景の美しさを再認識したり。そうして映像作品の中の世界を胸に熱く抱きながら、エッセイを書き、絵を描き、短歌を詠みました。それぞれの作業は脳の使いどころが違うようで、思ったよりも時間がかかりましたが、好きなものの好きなところについて書いたり、描いたりすることは、至福の時間でした。

扱った作品は、私が言うまでもなく評価の高い作品ばかりですが、どこかで新しく通じあえたらさらに幸せです。

東直子

『火の魚』（2009年）

原作＝室生犀星　脚本＝渡辺あや　監督＝黒崎博
出演＝原田芳雄、尾野真千子ほか

本のめぐりを生きる緋

これまでの人生の中で、何度か魚を飼ったことがある。自分が子どもだったときと、自分の子どもが小さかったとき、お祭りで掬《すく》った金魚を家に連れ帰って水槽に入れ、死ぬまで飼った。カフェやロビーで水槽を見かけると見入ってしまう。水族館で魚を眺めるのも好きだ。魚を眺めていると、心が無になる。まるで魚のめぐりの水にでもなってしまったかのように。

魚は、切り開いて食料にすることもあれば、眺めて楽しむこともある。人間と魚の関係はなんだか奇妙で、あやうい。『火の魚』を観て、そんなことをあらためて感じた。室生犀星の同名の小説を原作としてNHK広島放送局が二〇〇九年に製作した渡辺あや脚本のドラマである。渡辺が脚本を書いた映画『ジョゼと虎と魚たち』(犬童一心監督)や連続テレビ小説『カーネーション』などがとても好きで、映画やドラマに「渡辺あや」の名前を見つけると、ときめいてしまう。

『火の魚』は、作家と編集者の交流が軸になっている物語。原田芳雄演じる老作家の村田省三は、一〇年前から生まれ故郷の瀬戸内海の島に戻って独居生活をしている。そこにやってくるのが尾野真千子演じる編集者、折見とち子。村田は金魚の少女を描いた小説を連載中で、折見はその原稿を取りに東京から島にやってきたのである。

ドラマの舞台は現代だが、犀星がこの小説を書いたのは一九五九年のことで、『蜜のあはれ』という本の装幀を巡るエピソードが描かれている。『蜜のあはれ』は、自分のことを「あたい」と呼ぶ金魚の少女との会話のみで構成されたシュールな小説で、会話の背後からエキセントリックで蠱惑《こわく》的な女性たちのイメージがたゆたう。ドラマの中では『蜜のあはれ』に匹敵する金魚の少女の本の表紙の装画に使う金魚の魚拓を、村田から折見が依頼されるのである。折見は、初版の『蜜のあはれ』に使われた魚拓を作成した栃折久美子がモデル。栃折も『蜜のあはれ』の装幀に関わったエピソードを「炎の金魚」というエッセイに書き残している。

また、二階堂ふみと大杉漣が主演の映画『蜜のあわれ』(石井岳龍監督)も二〇一六年に公開された。真っ赤な鰭《ひれ》のような衣装を纏《まと》った金魚の化身が老作家を翻弄する日々が、耽美的な映像で展開する。対照的に『火の魚』の折見は会社員仕様の地味なスーツ姿で、うらさびしい島の風景やいつもうす暗い作家の部屋などと相まって全体的に渋い。だからこそ透明な水に灯る赤い金魚の鮮やかさが映える。赤い金魚は、それを見つめる人の心を投影する。金魚が揺れると、心も揺れる。誰かを慕う気持ちが強くなればなるほど赤さを増していく。金魚は心の中で燃えるのだ。

息が止まりそうになる程どきどきしたのが、村田に請われて折見が金魚の魚拓を取るシーンである。釣りの成果を留めるための魚拓ではなく、人間の屋根の下で家族のように生きてきた金魚を魚拓にするのである。赤い顔料で写された金魚の魚拓は、悲しくて妖しくて、とても美しい。それを見つめる尾野真千子、そして原田芳雄の横顔もまた、悲しくて妖しくて、とても美しいのだ。原田の声で再生される「死におびえながら死んだように生きている」と「今生《こんじょう》、どこかでまた会おう」という象徴的なセリフが響き合い、心に消え残った。

老作家のモデルでもある犀星は『蜜のあはれ』『火の魚』を執筆してから数年後に亡くなった。老作家を演じた原田芳雄と大杉漣も亡くなり、栃折久美子も二〇二一年の六月にこの世を去った。フィクションの世界に、この世界に確かに生きていた人たちの魂が、やわらかな影を残し続ける。

花を掬うように魚をてのひらに　ひとときの芯したたるばかり

『火の魚』

『２００１年宇宙の旅』（１９６８年　アメリカ）

監督・共同脚本＝スタンリー・キューブリック
出演＝ケア・ダレー、ゲイリー・ロックウッドほか

未来を見る未来

子どもの頃、ＳＦと呼ばれるジャンルのものがとても好きで、いつも微熱とわくわく感と共にそれらの小説や漫画を読んでいた。ＳＦとは、「サイエンス・フィクション」であり、「スペース・ファンタジー」であり、「少し不思議」でもあった。時に昭和の高度成長期だったので、未来へ向かって人類の技術はどんどん発達し、腕時計で通信し、車が空を飛び、海の底や宇宙への旅行も軽々と行える

ようになると、本気で夢見ていた。今でもそんな世界を描いた絵の記憶が蘇る。それから何十年もの時が流れ、二一世紀が始まってから二〇年が経過した。テクノロジーは確かに発展したが、車は空を飛んではいない。あの頃のＳＦ絵図で実現化されたのは、腕時計型の通信機器くらいである。予想された未来の時間から、過去が見た未来を眺めながら、人間の願いについて考えてしまう。

スタンリー・キューブリック監督の『２００１年宇宙の旅』は、一九六八年に公開された。一九六八年時点で想像した二〇〇一年の宇宙旅行ということである。日本でも同年に公開され、大きな話題を呼んだが、私は幼児だったので劇場では観ていない。テレビで何度か流れたことがあり、断片的には観たのだが、全体を通してきちんと鑑賞したのは、オンライン配信されていることを知ったつい最近のことである。夢想された未来の時間（二〇〇一年）もすっかり過去となった状態で今さらながら観たわけなのだが、驚くほど新鮮で胸に刺さった。

全体から受ける印象は、クラシック音楽と共にある長い詩、またはアート作品という趣だが、木星探査をめぐるストーリーが貫かれている。クライマックスは、「ＨＡＬ」と呼ばれる人工知能の反乱。ＨＡＬは、宇宙船の潤滑な航行と乗組員の健康に気を配り、いつもおだやかな口調で会話を交わし、宇宙空間を旅する人間にとって忠実に働くべき部下でもあり、信頼できる友人であり、すべてをゆだねる母体であり、支配する神でもある。このHALが奇妙なことを口にし始めて人間を裏切る場面にしんそこぞっとした。スマートフォンやパソコンなど、自分もすでに毎日人工知能に頼り切って暮らしているからだ。ある日突然、人工知能が反旗を翻したら……。コンピューターと無縁だった頃にはなかった切実な恐怖を感じる。きっと自分は、賢い人工知能のされるがままになるしかないのだろうな、と。緊迫した場面の宇宙服内の息の音が生々しくて、そうだ、自分も今、生きて息をしているのだった、と確かめながら画面を見つめた。

不可解な大きな黒い板（モノリス）に触れて、猿が知能を得るシーンから始まるこの映画は、知能と心についての大きな問いを投げかけてくる。デイブ船長によって回路を一つ一つ切られながら、なんども「I'm afraid（怖い）」と訴えかけるHALが切ない。人工知能も感情を持つということの意味をひりひりと感じる。人工知能が初めて歌ったという「デイジー」の、HALによる歌唱が悲しい。

昼下がりのうつろな主婦が、壁に埋め込まれたテレビから突然流れるメッセー

『２００１年宇宙の旅』

ジに驚く、という、テレビで偶然観たシーンをずっと覚えていて、『２００１年宇宙の旅』のワンシーンだと思い込んでいたのだが、違った。続編にあたる『２０１０年』（ピーター・ハイアムズ監督）という映画に出てくるシーンだった。こちらは監督が異なり、宇宙船での人間ドラマを主軸にした内容で全くテイストは違うのだが、ＨＡＬが誤作動を起こした理由などがこちらで明らかになる。原作は共にアーサー・Ｃ・クラーク。『２０６１年宇宙の旅』『３００１年終局への旅』もあるようだ。人工知能と人間の意識は、時を超えて響き合い続けるのだろう。

お誕生日おめでとうを宇宙まで届けてあげる　あなたは息子

『アンという名の少女』（2017年～2019年　カナダ）

脚本＝モイラ・ウォリー＝ベケットほか　出演＝エイミーベス・マクナルティ、ジェラルディン・ジェームズほか

フェミニストとしてのアン

深夜にテレビをつけたら、タイトルバックがそれはそれはお洒落なドラマが始まり、見入ってしまった。そこに出てくるファッションが、インテリアが、風景が、すばらしくて好ましくて、すっかり心を奪われた。同時に、主人公のアンが投げかける、古い価値観に対する鋭い問いに、胸を射抜かれた。それが『アンという名の少女』というドラマとの出会いだった。L・M・モンゴメリ原作の『赤

毛のアン』が原作の、カナダCBCとNetflixにより共同製作されたドラマシリーズで、日曜日の深夜にNHKで放送された。

私のまわりの友達で『赤毛のアン』のことを知らない人はいない。宮崎駿や高畑勲らが関わったアニメーション（世界名作劇場）などで、その内容を知っている人も多いだろう。二〇一四年上半期に放映されたNHKの『花子とアン』は、村岡花子が日本で最初に『赤毛のアン』を翻訳するまでのドラマである。とにかく、「アン」は、日本人にも古典としてすっかり浸透している。私も子どものときに読んだのだが、あまりにも饒舌なアンに圧倒されて、実はちょっと苦手だな、と思った。その頃『大草原の小さな家』シリーズの放送がNHKで始まった。こちらはアメリカが舞台で、同じような時代（一九世紀後半）の主人公の少女ローラは、まじめで控えめな感じだった。誰からも大人しいと言われるような子どもだった私には、ローラの方が共感しやすかったのだ。原作者のローラ・インガルス・ワイルダーが描いた自伝的なシリーズは、すべて読んだ。

しかし、『アンという名の少女』によって、今さらながらアンの真の魅力を教えてもらった気がする。原作の人物設定やいくつかのエピソードは組み込まれているものの、三つのシーズンにわたる全二七話のうち、原作にあるエピソードを扱ったシーンは半分にも満たないだろう。いじめやＬＧＢＴ、人種差別、アイデンティティーの問題など、現代に通じるテーマを意図的に盛り込みながら、ドラマチックな展開が続くのだ。何より、過酷な幼少期を生き抜いてきたアンという少女のフェミニストとしての意識が強調されている。

村岡によって「腹心の友」と訳された親友ダイアナは、原作では、女性の生き方のスタンダードだった、結婚して家庭に入る生き方にさほどの疑問も持っておらず、アンが一生懸命学んで自立を志す様子とは対照的に描かれていた。しかしドラマでは、そうした考えだったダイアナも、アンの言動に刺激されて大いに惑うのである。

原作にはない大胆な膨らみ方をするものの、それぞれのキャラクターを演じるキャストは、驚くほどぴったりである。アンは、これまでに観たどのアンよりもアンらしく、本から直接飛び出してきたような気さえする。さらに、頑固で誇り高いマリラ、小心者でやさしくて無口なマシュー、お嬢さん育ちの黒髪のダイアナ、理知的なギルバート、おせっかいなリンド婦人など、まわりの人々も実に絶妙。原作には出てこない人物が重要な役割をするなど枝葉は伸びるが、それぞれの人物の根幹がしっかり押さえられているので、かえってワクワクする。

辛い試練も、楽しい行事も、なんでもない日も、常に信念を持って情熱的に進んでいくアンは本当に勇敢だが、時に過剰だ。正義感にかられてやったことが人を深く傷つけることもある。このドラマの深いところは、アンだけでなく、マリラなどまともに見える大人たちにも偏見など、よくない点が潜んでいることを表現している点である。善悪を単純に断罪するのではなく、思考を促すように、エピソードが積み重ねられていく。

と、いろいろ書いてきたが、このドラマの一番の見どころは、アンが大好きな世界観が、夢のように美しい実写として再現されたことだと思う。ふわふわしたドレスで光あふれる野を走り回る少女たち、テーブルも人も空間も色とりどりの草花に囲まれたパーティー、蝶や鳥やキツネや樹々を愛おしむ一人の時間、淡い蝋燭の灯とひそやかな会話……。自分がまだ生まれていない時代に生きた人々の吐息を感じ、今この世に自分が生かされていることへの深い感謝につなげられる。

湖に名前をつける　その水の光のひとつひとつがこころ

『アンという名の少女』

『耳に残るは君の歌声』（2000年　イギリス・フランス）

監督・脚本＝サリー・ポッター　出演＝クリスティーナ・リッチ、ジョニー・デップほか

忘れないで、でも、忘れて

この映画は、二〇〇一年に日本で公開されたときに映画館で観た。それから二〇年が経ち、細かいストーリーはおぼろになってしまっていたのだが、劇中に流れる様々な歌声は、陰影の深い美しい映像と共に耳の奥にいつまでも消え残っていた。タイトルのように。

『耳に残るは君の歌声』は、この映画のテーマソングのように劇中で何度も歌わ

れるビゼーの『真珠採り』の中の楽曲のタイトルでもある。哀愁を帯びたドラマティックなメロディーは、言葉の意味が正確にわからなくても、のびやかに歌いあげられると、それだけで胸がしめつけられる。

この歌を冒頭で歌うのは、フィゲレと呼ばれる幼い少女の父親。物語は、一九二七年のロシアから始まる。歌手でもある父親は娘のために枕辺で歌い、アメリカに旅立つ。出稼ぎに行くのである。死別したのか母親はいないようで、山深い集落にあるその家には、フィゲレと祖母が残される。いつかアメリカに呼び寄せてもらう日を待っていたのだが、ユダヤ人の集落であるその村は迫害を受け、焼き払われてしまう。少女は逃げ延びてイギリスに渡り、スージーというイギリス風の名前を与えられたあと、里親の夫婦の元で育てられる。その後、歌唱力を生かしてパリに渡り、コーラスガールとして働きながら父のいるアメリカに行くことを夢みている。少女は、父に教えてもらった歌に英語の歌詞をのせて、透明な歌声を人々に披露する。歌い手の異なる届く歌声が胸の中で響き合う。家族をなくし、住み処を追われ、国を追われ、名前まで剥奪される。一人の少女が歩む過酷な運命は、不安定な時代の中で生きる場所を模索し続けなくてはならない多くの人々に共通する苦悩であり、現代も続いているアイデンティティーの問題も含んでいる。

主な舞台となったイギリスとフランスの合作映画で、監督、脚本、音楽監修はイギリス人のサリー・ポッター。成長後のスージー（フィゲレ）をクリスティーナ・リッチが演じ、パリで同居するダンサーの友人ローラをケイト・ブランシェット、スージーが初めて恋心を抱くロマの青年チェーザーをジョニー・デップが演じている。それぞれの役者が二〇年前のみずみずしい輝きをたたえて、憂い多き映画の世界の夜の街で甘美に歌い、疾走する。馬で、自転車で、身体一つで。そしてときに濃密な時を過ごす。

イタリア出身の歌手ダンテにローラが近づいたことで、ローラとスージーは彼のオペラに出演することになるのだが、クリスティーナ・リッチが髭を生やした兵士役で憮然とした表情で歌をうたうシーンがなんともかわいい。重いエピソードの続く映画のささやかなユーモアシーンである。

この映画の原題は『The Man Who Cried』。直訳すると「泣く男」といったところか。「ｃｒｙ」には、「叫ぶ」「大声で言う」という意味もあるので、激しく

『耳に残るは君の歌声』

嘆き悲しんで泣く男のイメージが浮かぶ。監督がどういう意図でこの題をつけたのか、考えてしまった。男が泣く場面はいくつか出てくる。出稼ぎに行くフィゲレの父親。スージーをアメリカに送りだすチェーザー。戦争で仕事が失われるダンテ。ままならない人生、背負った運命を嘆いて、彼らは泣く。

一方、女たちもそれぞれの人生に深い悲しみを覚えている。アパートの管理人のユダヤ人の老婦人が連行されたことを知ったスージーは、自分の身にも迫っている危険に震える。ロシア出身のローラは、男を手玉に取って計算高く生きているようで、不安をずっと抱えている。しかし二人は、弱々しく泣き続けたりはしない。生き抜くために、若くしなやかな美しい身体で踊り、歌い、意志を伝える。新しい土地を目指して船に乗り込む。『The Man Who Cried』は、彼女たちの生きる姿を照射するためのタイトルであるように思う。クリスティーナ・リッチの、冷徹に遠くを見据えるような強いまなざしに打たれる。

スージーが繰り返し歌う「私を忘れないで、でも、私のたどった運命は忘れて」という歌詞は歌曲の中のものだが、彼女自身の心の声を代弁している。どんな運命の元に生まれても、私は一人の人間としての固有の「私」なのだと。

家を船を過去を焼かれてここに来た　白い腕《かいな》を夜へ広げる

『野のなななのか』（２０１４年）

監督・脚本＝大林宣彦　原作＝長谷川孝治
出演＝品川徹、常盤貴子ほか

「やさしさ」のための遺言

カラフルな衣装を着た楽隊が、雪降る林を、若草色の広い野原を、ゆっくりと演奏しながら歩いていく。アナログな楽器が奏でる音楽は、いつかどこかで聴いたことがあるような懐かしさを感じるが、どの民族の音楽とも違う新鮮さがあり、愉快な気分になるようで、切なくもなる。これは、現代の野辺送り。明るい追悼の楽隊なのだ。楽隊は、元「たま」の石川浩司や知久寿焼らも参加しているユニット「パスカルズ」が演じていて、映画の中で物語の継ぎ目のように随所に現れて演奏する。

「なななのか」は漢字で書けば「七七日」。四十九日のことである。魂がこの世を離れていくと言われる日。北海道芦別市を舞台にしたこの映画は、「星降る文化堂」という古物商を営む九二歳の元医師、鈴木光男が急死し、四十九日を迎えるまでを描いている。その間、回想とも幻想とも思えるような時空間が交錯し、生者死者にかかわらず対話する。品川徹が演じる光男は、強い意志と深い慈愛を兼ね備えた独特の風格がある。

　大林宣彦監督の作品にはいつも、唯一無二の世界が広がっている。この映画も、登場人物の夢の中にひととき入っていくようだった。まっすぐな目線でこちらに放たれるたくさんの言葉の雨を浴び、その世界の空気を共に吸い、闇の中の人の気配を感じる。映画を観る、というより、体験した、という表現の方が似合う。あるいは、一緒に旅をしてきたような。

　二〇二〇年四月一〇日、新型コロナウイルス感染拡大防止のための最初の緊急事態宣言が発令された頃に、大林監督は肺癌で亡くなった。最後の監督作品である『海辺の映画館』の当初の公開予定日だったという。『時をかける少女』『転校生』など、叙情的で独特の手ざわりのある映画を若いときに映画館で観て、すっかり感銘を受けていた私は、もう新しい作品を観ることはできないということが、ほんとうにさびしい。

二〇一八年度の毎日芸術賞特別賞を大林監督が受賞されたとき、その受賞の挨拶の際に、車椅子から立ち上がり、癌に侵された痩せた身体におだやかな笑みを浮かべて「やさしさ」という言葉を何度も口にされた。今一番人間に必要なのは「やさしさ」なのだと。

二〇一二年公開の『この空の花　長岡花火物語』と二〇一四年公開の『野のななのか』と二〇一七年公開の『花筐／HANAGATAMI』は、大林監督の戦争三部作と呼ばれ、反戦のメッセージが強く打ち出されている。同時に、新潟県長岡市、北海道芦別市、佐賀県唐津市と、それぞれの地方へのオマージュも全面的に描かれている。戦争という圧倒的な暴力と、堅実な市井の人々の「やさしさ」を対比させて今を生きる私たちの心を一つの体験として開かせ、観客に訴えたのだと思う。

私が物ごころついた頃は、まわりにいた大人たちはみんな戦争の時代を生き延びてきた人だった。それから長い年月が流れて、戦争を直接体験した人が次々に寿命を迎え、話をすることができなくなってきている。今にも消えてしまいそうな彼らの声を、大林映画は美しい詩のような映画としてこの世に繋ぎ止め、伝えてくれる。中原中也の詩「夏の日の歌」が重要なモチーフとして、幾人かの人の声で朗読され、身体にも心にも心地よく染みた。

光男は、一九四五年八月一五日の玉音放送以降も戦争が続いていた樺太での壮絶な体験がその人生に深い影を落としている。この樺太の戦いは八月二五日まで続いた。芦別では八月一五日にはまだ戦争は終わっていなかったのだというセリフが心に残った。

光男と最後に一緒に暮らしていた孫の鈴木カンナ、かつて生活を共にしていた清水信子、青春時代に知り合った山中綾野を、順に寺島咲、常盤貴子、安達祐実が演じている。それぞれの毅然とした美しさが際立っていて、うっとり見とれてしまった。八〇年代の大林監督が世に送り出した数々のアイドル映画で輝いていた女の子たちとも重なる。その人が生まれつき持っている清らかな魂に光を当てる、そんな撮り方だったのではないかと思う。他者の魅力に気づき、伝えること。それも紛れもなく「やさしさ」の一つだと思う。

世界各地で今も紛争が続き、不穏さが増す中に、監督が映画に込めた祈りを忘れず、伝えてゆきたい。

『野のななのか』

遠くまで行って帰ってきたような苺にあわくつもる粉雪

『ビッグ・フィッシュ』(2003年　アメリカ)

監督＝ティム・バートン　原作＝ダニエル・ウォレス
出演＝ユアン・マクレガー、アルバート・フィニーほか

ありったけの愉快な嘘を

『ビッグ・フィッシュ』を監督したティム・バートンの名前を初めて知ったのは、ジョニー・デップ主演の『シザーハンズ』という映画だった。主人公の人造人間は、手がハサミでできているため、惹かれ合った少女を決して抱きしめることができない。報われない恋が、とても切ない。彼の風貌や住んでいる家はゴシックホラー調でおどろおどろしいが、少女の住む街はパステルカラーで、人々の服装

もカラフルで、明るい光に充ちている。どちらの世界もそれぞれ美しい。このコントラストが人の心の明暗を投影していたのだと思う。ティム・バートンの作る奥深い世界がすっかり好きになった。

『ビッグ・フィッシュ』はダニエル・ウォレスの同名の小説が原作だが、映画には、『シザーハンズ』に通じる監督ならではの世界観がぎっしりとつまっている。さらに、人が物語を創作すること、そして人生を全うすることの根源的な意義にふれるような美しいラストシーンは、なんど観ても涙が流れてしまう。年齢を重ねれば重ねるほど、込み上げるものが強くなってきたような気がする。

釣り上げ損ねた魚を実際よりも誇張して伝えることから、現実に起こった出来事に嘘を付け加えることの比喩として、アメリカ英語では「fish story」という言葉が使われているらしい。『ビッグ・フィッシュ』というタイトルの言葉も、単純に大きな魚という意味の他に、父エドワードの奇想天外な数々のホラ話も暗示しているのだろう。原作では、「大物」の意味として明示されている。

多くの人々を魅了する父親の話に食傷気味の三〇代の息子ウィルとの対立がこの映画の骨子になっている。結婚指輪を餌にして釣り上げようとした大きな魚のエピソードから始まるこの物語は、父親が語る過去の時間と、大人の息子と老人の父親の現在の時間、二つの時間が交錯しつつ進んでいく。

ユアン・マクレガー演じる若い頃のエドワードの冒険譚は、『シザーハンズ』のようなファンタジー性の強い世界が展開し、幻想的で、ポップで、カラフルで、ゴシックで、〝これぞティム・バートン〟を堪能できる。

特に好きだったのが、暗く不気味な森を抜けた先にある幻《スペクター》という名の町のシーン。町全体が緑の草に覆われた「足に優しい地面」であるため、みな裸足で暮らしている。すべての靴は町の入り口の高いところに無造作に吊るしてあるのだ。明るくておだやかな光の下、ふさふさの緑の上で女性たちが淡い色のスカートをやわらかく翻すダンスシーンは至福感たっぷりで、天国にでも来たよう。その意味で不吉でもある。

その他、一目ぼれした瞬間のサーカス小屋のストップモーション、プロポーズするために用意した庭一面の水仙の花、夜の空の下に落下傘で落ちた先の幻想的なショーなど、魅惑的なシーンが光を放つ水面のように記憶の中で揺れ続けている。

エドワードが釣り上げようとした魚は、「六〇年前、川で溺れ死んだ泥棒の化身」と言われていた。「化身」という認識は、全体の鍵となるイメージで、人がどんな死に方をするかが分かる目を持つ魔女や、エドワードを雇うサーカスの団長、そしてエドワード自身にも、別の姿、つまり化身のようなものがあることがのちのちわかってくる。

それらはホラ話の一部のようだが、人間には多面性があり、ある側面から見れば嘘を言っているかもしれないが、別の側面からは真実、ということもあり得る。何が正しくて、何が間違っていて、何が真実で、何が嘘か、はっきりと線引きできるものは少なく、あいまいな境界線の間を行きつ戻りつしているように思う。

人生を模索中の若き日のエドワードが「この世で〝悪者〟と言えるのは——結局は孤独で礼儀知らずなだけ」とつぶやいたセリフを覚えている。エドワードという人は、割に合わない労働を強いられたり、ボコボコに殴られたり、徴兵されたり、銀行強盗の道連れにされたりなど、どんなに理不尽な目にあっても、決して感情的になったりせず、ひょうひょうと明るく対処し、タフに生き延びていく。どんなタイプの、どんな容姿の人にも常にフラットに、愉快に接する。彼の無意識の思いやりが、多くの人に愛され、受け入れられ、そして多くの人を愛する力となっていたのかと思う。

しかしこんなにタフだった人間も年齢を重ねれば必ず死に近づいていく。性格の違いから父を受け入れられなかったウィルが、エドワードのおもしろさやあたたかさに気づき、新しい関係へと一歩を踏み出した瞬間は、胸が熱くなる。

生きることと老いることと想像すること。時間は、物理的には過ぎ去っていくばかりだが、心の中の時間はどこにでも繋がることができ、更新することも可能なのだ。

映画を観たあとは、うれしいような悲しいようなおかしいような、なんともいえない余韻が残る。

約束をすべて果たして水になる今ほんとうにあなたに会えた

『ビッグ・フィッシュ』

『山の郵便配達』（1999年　中国）

監督＝フォ・ジェンチイ　原作＝ポン・ジェンミン
出演＝トン・ルージュン、リィウ・イエほか

見たことのない懐かしい道

昭和時代のセキュリティーは、今では考えられないくらいゆるかった。子どもの本の最後に「この本をかいた○○先生にお手紙を書いてみよう」という促しと共に著者の住所が掲載されていたり、雑誌に「ペンパル募集」コーナーがあり、ペンパル、つまり文通相手が欲しい人の住所を公開したりしていた。個人の住所を誰が読んでいるか分からない雑誌にさらすなんて、と思うけれど、それが悪用

されるという発想が当時はまだなかったのだろう。
今はほとんどの学校で廃止されつつあるらしいが、私の子どもの頃にはクラスの電話連絡網が最初に配られ、全員の電話番号を知ることができた。中にはまだ電話がない家庭もあり、名前の前に（呼）という印がついていた。近所の人が代わりに電話を受けて、呼び出してくれたのだった。少し田舎に行くと、たいていの家が玄関に鍵をかけず、近所の人がお互いの家に勝手に出入りしていてびっくりした。通信手段が、手紙か家の電話に限られていて、世の中の空気が素朴で、性善説にのっとった生活だったのかと思う。

『山の郵便配達』は、一九八〇年代初めの中国、湖南省西部の山岳地帯の郵便配達夫の物語。車も通らない山道一二〇キロをひたすら徒歩で郵便物を配る。私の記憶にある昭和時代の風景より、もっと素朴で、性善説的な価値観も、もっと強い。手紙を届けてもらうために、こんなに過酷なことをさせてしまうなんて申し訳ない気がしてしまうけれど、信念を持って大事な手紙を届けようとする郵便配達夫の誇り高さに心打たれるのだった。

ひたすら山道を歩くのは、初老の男とその息子、そして「次男坊」と呼ばれるシェパードらしき一匹の犬である。原題を直訳すると「山と人と犬」となり、郵便配達という語は入っていない。親子と犬とが初夏の豊かな自然の中を淡々と進む、目的地の決まっているロードムービーとして作られた映画なのだと思う。

ストーリーも極めてシンプルである。定年を迎えた父の仕事を息子が引き継ぐため、父は最後の仕事として、息子は最初の仕事として、犬はこれまでと同じようにサポートをするため、二泊三日の郵便物を届ける仕事に出かける。予想を裏切るような特別な出来事やハプニングは起きない。しかし、人がひとりやっと通れるほどの細くて長い道を、犬、大きなリュックを背負った若者、杖をついた初老の男が縦に並んで歩く絵は、それだけでなんだか切なくて、胸が熱くなる。

早朝の濡れた石の階段、雑草に囲まれた坂道、ワイルドな岩肌の道、田園風景を横切る一本道、遠くまで見わたせる山頂の道、大きな水車が並ぶ川沿いの道など、どんな道も味わい深く、観ていて飽きない。早朝の空には鳥が鳴き、木漏れ日の道では羽虫が光る。それらは、かつての自分が、あるいは自分の祖先が歩いてきた道であり、これから歩くかもしれない道であり、二度と歩くことのできない道でもあるのだ。しかし映画の中では、老人も若者も犬も山に住む人々も永遠

『山の郵便配達』

に歩きつづけ、手紙を出し、受け取り続ける。山の上の滋味深い円環は、続いていく。

映画の後半で、トランジスタラジオから流れる音楽を聴きながら歩く息子に、バスなどの文明の利器を利用して手紙を配達してもいいのではと投げかけられた父親が、ラジオを無言で止めるシーンが印象的だ。合理的であることを否定しているわけではない、という映画のメッセージとして受け止めた。「苦しみがあれば考えることで乗り越える」という父親の言葉を黙って受け止めた息子は、清らかな風景の向こうに、未来を見据えようとしている。さらに、すべてを受け止める「次男坊」の凛々しいたたずまいも忘れ難い。

交通の便が極端に悪い閉ざされた山の村に住む人々が、ほどほどに社交的で、ほどほどに明るく描かれている点も気持ちがよかった。旅の途上で急遽参加した結婚式で披露される伝統の舞踏は、エネルギッシュで官能的でとても美しい。

私はこの映画を、岩波ホールで二〇〇一年に観た。正確に書けるのは、岩波ホールが独自に作っている最新のパンフレットに、一九七四年以降の封切り映画の一覧表が掲載されているからである。独自の審美眼で選び抜いた作品を届け続けてきたことへの自負と誇りを感じる。郵便配達という仕事に誇りを持っている父と息子の姿にも通じると思う。その貴重な歴史を持つ岩波ホールが二〇二二年七月二九日に閉館した。ここで記憶に残るすてきな映画を何本も観てきただけに、とても残念である。

閉館の前に、岩波ホールの最後の上映作品となる『歩いて見た世界　ブルース・チャトウィンの足跡』（ヴェルナー・ヘルツォーク監督）を観た。世界中の秘境を自分の足で歩いて確かめた一人の作家の生き様と彼を愛情深く見守ってきた人々の証言を追ったドキュメンタリーである。

私は、旅に関わる映画が特に好きなのだ。生きることとは、世界を感じること。自分の身体では直接見ることができない世界も、映画はひとときの眼として私たちに見せてくれるのだと、改めて思うのだった。

ふりかえる風が吹いてる夕焼けと湯気のかなたであなたは手紙

『すいか』（2003年）

脚本＝木皿泉（七話のみ山田あかね）
出演＝小林聡美、ともさかりえほか

居てもいい場所で、生きる

心を夏休み気分に浸したくなったら、ドラマ『すいか』を観る。つめたい川の水にすいかを浸けるように。くすりと笑う。どきりとする。つんとくる。生き返る。架空の世界の日常をたっぷり楽しんで戻ってきた心は、長い昼寝から覚めたときのように気持ちがよい。ついでに食欲も増して、身体も元気になれる。

なにげなくつけたテレビから、カラフルでお洒落な服を着た女性たちとポップなBGMが印象的な、独得の空気感のドラマが流れて、すみずみまでなんて好きな世界だろうと思ったのは、二〇〇三年のこと。『すいか』が、二〇年ほど前に作られたドラマだったのだと気づく。しかし、主演の小林聡美はじめ、すべての役者さんの素敵な魅力が輝いていて、時を超越して昨日のできごとのように新鮮に観てしまう。あて書きなのだろうか、それぞれの役に雰囲気がぴったりで、演じている人の本質とこれ以上ないほど幸福な形で結びついていたと思う。

ドラマの中に、「二〇年後あなたは何をしていますか？」という問いがつきつけられる場面がある。信用金庫勤めの三四歳のOLの早川基子（小林）が、さえない日常の果てにある、やはりさえない二〇年後を思って、「うっ」となるのだ。現実の二〇年の間には、東日本大震災とコロナ禍という社会的な大きな出来事があり、私生活でもたくさんの変化があった。今改めて『すいか』のフィルターを通して過ぎ去った歳月を反芻すると、すべてが尊いものとして感じられる。フィクションの世界が現実にあたたかく滲みだして感触を変化させるのだ。そんなドラマは他にないのではないかと思う。

ドラマの舞台は、父親の代理で大学生のゆか（市川実日子）が大家をつとめている「ハピネス三茶」という名の賄い付きのレトロな下宿。売れないエロ漫画家の絆《きずな》（ともさかりえ）と大学教授の夏子（浅丘ルリ子）が住むその下宿に、過干渉な母親（白石加代子）から逃げるように入り込んだのが、基子である。世田谷線の路面電車が走る三軒茶屋の長閑《のどか》な風景の中での疑似家族のような日常と、基子の同僚で勤め先の三億円を横領して逃走中の馬場チャン（小泉今日子）の非日常が同時進行していく。馬場チャンは、追いつめられつつも逞しく逃走し、ときに元気に手を振ったりする。

このドラマの何より心地よい点は、趣味や趣向、抱えている問題などはそれぞれ違うが、誰も他の人の存在を否定しないところ。例えば所持金が八三円しかない絆の状況に驚く基子に対して、夏子が「色々、居ていいんです」と断言する場面がある。「私みたいな者も、居ていいんでしょうか?」と問いかける基子に、夏子が力強く言う「居てよしッ!」は、生存の太鼓判として清々しく響く。

「自分が最低だって泣くのは——きっと、いい事だよ」（絆）
「みんな、何かしら埋めて生きてるもんです」（夏子）
「生きてみないとわからないこと、ばっかりだったわ」（タマ子（夏子の友人））

「今も、誰かが、誰かの為に必死に走っているのです」（ゆか）
「生きてゆくのが、怖いのは、誰だって同じです」（夏子）
「お墓って、終わりじゃないんだ――始まりなんだ」（絆）

こうした、死生観に関わる箴言のような珠玉のセリフが、何度も観ても、いや、観れば観るほど、年月を経れば経るほど、胸に刺さる。

病院の薄暗い待合室で、普通のおばさんが地球にもたらす木星の功績を滔々《とうとう》と話しはじめるシーンも心に残っている。地球が、生命を維持するための条件を奇跡的に得ていることを改めて実感できるセリフなのだが、「直径、何十億キロもある太陽系に、自分たち以外に全く生物がいないということを知りながら、何もない宇宙空間を、たった、ひとりぼっちで、今日も、回り続けているのです」という地球の孤独に思いを馳せるゆかのナレーションと響き合う。生きるということを宇宙規模で捉えているのだ。

脚本は、木皿泉（七話のみ山田あかね）。木皿は、『すいか』の他にも『野ブタ。をプロデュース』『セクシーボイスアンドロボ』『Q10』『昨日のカレー、明日のパン』『富士ファミリー』などの素晴らしいドラマの脚本を書いている。多様な

『すいか』

キャラクターを認め、受け入れ、柔らかなユーモアで包みつつ、時には人間のずるさや醜い部分も包み隠さず描き出す鋭さは共通している。心地よいだけではなく、悲しさや切なさ、人間のどうしようもなさなど、負の感情も味わい深く描かれているのである。

基子がどこかにいるはずの馬場チャンに呼びかけた「似たような一日だけど、全然違う一日だよ」というセリフは、この世に生きるすべての人にとって慈雨のような言葉だと思う。

忘れ物取りに帰った人を待つ水あおあおと流れる星に

『はちどり』（2018年　韓国・アメリカ）

監督・脚本＝キム・ボラ　出演＝パク・ジフ、キム・セビョクほか

一四歳、意志の火をともす

主人公は一四歳、中学二年生の少女、ウニ。舞台は一九九四年の韓国、ソウル。多感な時期を描いた映画だが、一般的な青春映画のイメージとは、かなり感触が違う。一番印象に残っている画は、ウニを演じた役者の、やや長めのボブカットのうしろ姿である。まっすぐで、やわらかく風になびく少女らしい美しい髪だが、そこに深い悲しみを感じる。

母親を呼びながらドアをたたくときに少し乱れる髪、教室に一人でぽつんと窓を眺めているときの、自分を裏切った親友が去っていくときの、大切な人と永遠に会えないことを悟ったときの、しずかな髪。言葉を持たない髪の毛が、不思議に多くのことを伝えてくれる。

カメラが回りこみ、顔が映されると、無表情か、憂いを含んだうつろな表情ばかりで、笑顔は滅多に映らない。ウニはいつも寡黙で内面を言葉で語ることはほとんどないが、息苦しさを感じていることははっきりと伝わる。家父長制の意識の染み込んだ横柄な父親、偏重される長男の暴力、空虚な母親、身勝手な姉、高圧的な教師、陰口をささやくクラスメートなど、ウニには家庭にも学校にも、心が休まる場がない。

不満は感じていても、現状を何も変えることができない無力な立場を痛感した上での深い諦念からくる無表情であり、憂いなのだ。そのうしろ姿をひたすら追うことで、ウニという一人の少女の主観を共感するというより、少女をとりまく世界のありようを俯瞰で捉え、そうした状況に追いやってしまう社会的な図式について考えずにいられなくなる。巨大なアパートの一室に住む、ごく普通の少女のなんでもないような日常に念入りにフォーカスすることで、その少女は巨大アパートに暮らす人々、あるいはソウルという一都市、あるいは国境を越えて女性という立場を象徴する存在にもなるのだ。様々な人の弱さが晒《さら》されるこの映画は、多様な問題を投げかけてくる。

ウニは、抑圧された状況にある。しかし、決して特殊な境遇の子どもではない。とはいえ、不和と無理解と虚無感の漂う家庭は、子どもが育つ環境としては適切ではない。異常なストレスに晒されていると思う。

そんなウニが唯一心から信頼し、気持ちを寄せることができたのが、漢文塾の若い女性教師ヨンジである。ヨンジは、他の大人たちと違って、生徒のウニらの人格を尊重し、対等に会話を交わす。悲しみにくれるウニに、そっとあたたかいウーロン茶を淹《い》れてくれる。決して余計な詮索はせず、頭ごなしに決めつけたり、命令したりせず、そっと寄りそうのだ。無力で不安で多感な時期に、こんな大人がそばにいてくれたらどんなにいいだろうかと思う。

ヨンジとウニが、虫の鳴く夜の公園で語り合うシーンがとても好きだ。ヨンジがウニに、辛いときは指を見るといい、とアドバイスを送る。「指を一本一本動かすの。すると神秘を感じる。なにもできないようでも指は動かせる」と。どんなときでも、自分の身体は自分の意志で動かせる。はっとさせられた。ウニが兄から理不尽な暴力を受け続けていることを知ったヨンジが毅然として伝える「ウニ、殴られないで。誰かに殴られたら、立ち向かうのよ。黙っていたらダメ」というセリフと同じ哲学が貫かれている。私はあなたを尊重する。そしてあなたは、あなた自身を尊重しなさい、というメッセージなのだ。語られることのないヨンジの過去が、映画の余白となる。

この映画の脚本及び監督を担当したキム・ボラは、ウニと同じく一九九四年に一四歳だった。監督の体験が色濃く反映されているのだろう。繊細なセリフと不穏な静けさと明るい光に包まれた映像。一九八〇年生まれの若い監督の理念と美意識が凝縮している。監督の二〇一一年の短編『リコーダーのテスト』は、ウニの九歳の頃のエピソードが描かれている。『はちどり』の後のウニも、いつか描かれるのだろうか。

一九九四年に、北朝鮮の金日成が死亡したことと、ソンス大橋が崩壊し多くの犠牲者が出たことが、映画の中でも重要な出来事として描かれる。時代が大きく変わろうとする中で、人々は戸惑う。呼びかけても呼びかけても声が届かなかった虚ろな母親には、過去の時代を生きてきた女性としての物哀しさが漂う。「私の人生もいつか輝くのでしょうか」とヨンジに手紙で問いかけるウニには、人生を自身の手で動かそうとする意志の火が灯ったのだと思う。小さな身体で懸命に飛ぶハチドリのようだった少女は、いつかその内なる火を燃やして自分らしく飛び立つのだろう。

母親がゆっくりと焼いてくれたじゃがいものチヂミを、ウニがもりもり食べる場面がとてもいい。何があっても食べる。力を得る。生きていく。この世は命でつながっている。

『はちどり』

心の分かる人はどれだけいますかと光ふるえる夏の最中へ

『平清盛』（２０１２年）

脚本＝藤本有紀　出演＝松山ケンイチ、中井貴一ほか

ひたむきに夢みた海の都

物ごころついた頃に家にあったテレビは白黒のブラウン管テレビで、頭の上にウサギの耳のような可動式のアンテナが載っていた。チャンネルはダイヤルを回して合わせるようになっていて、ときどきザザーと画面が乱れた。そんなときは、父か母が慣れた様子でバン、とてのひらでテレビをたたいて直していた。

ＮＨＫの大河ドラマは必ず観なくてはならないもののように、両親が熱心に観

ていた。テレビは卓袱台の前にあり、夕ご飯を食べながら観ていたので、私たち子どもも否応なく観ることになった。泥まみれの兵隊が闘う殺戮シーンやさらし首など、なかなか残虐なシーンもあり、怖くてあまり好きではなかった。しかし、各演者のなみなみならぬ気魄は子ども心にも強烈だった。繰り返しモチーフとなる戦国時代の武将、織田信長、豊臣秀吉、徳川家康のそれぞれの人物の特徴とストーリーは、時折さしこまれる父親の豆知識と共に覚えていったように思う。

親と離れて暮らすようになってからは大河ドラマをしばらく観なかったときもあったのだが、三〇代後半くらいから能動的に観るようになった。三谷幸喜が初めて大河ドラマの脚本を担当した『新選組！』は、柔軟に描かれる人間味が面白くてすっかりはまり、堺雅人演じる山南敬助の切腹シーンなどを食い入るように観た。

二〇二二年は、三谷脚本による三度目の大河ドラマ『鎌倉殿の13人』が放送された。平安時代から鎌倉時代にかけてのこの時代は、貴族が支配していた社会から武士が世の中を支配する時代に移行した時代でもある。前半で平家の滅亡があらすじ的に描かれるこのドラマを観ているうちに、平家側の物語も再見したくなり、松山ケンイチ主演の大河ドラマ『平清盛』を最初から最後まで見直した。「遊びをせんとや生まれけむ」というフレーズを含む、当時流行した今様《いまよう》を物語の芯に据えた、起伏に富んだストーリー展開と幻想的な映像がとても好きで熱心に観ていたのだが、なぜか視聴率的にはふるわなかったらしく、そのことで酷評されていたことは、当事者でもないのに悔しく思っていた。友達や編集者などと会ったときに雑談で『平清盛』が好きなのだとふと告げると、あれいいよね、とひそやかに熱く、盛り上がったものだった。

このドラマの良さは様々にあるのだが、まずはナレーションを源頼朝（岡田将生）が担当している点に注目したい。ドラマは清盛の目線主体で進行するが、物語の大枠は、敵方である頼朝の目線で描かれているのだ。「平家物語」を語り継いだ琵琶法師の役目を頼朝が担っていることになるが、その「平家物語」などで描かれたドラマティックな名場面が随所に出てくるのも楽しみだった。

清盛は、実の父である白河法皇（伊東四郎）に殺されそうになっていたところを平忠盛（中井貴一）に救われ、やがて平家の棟梁として一族を率いていく。その過程で、白拍子だった母親が自分の身代わりに殺されたことを後に知り、苦悶する。出自や親子関係で悩むのは清盛に限らない。王族も武家の一族も、ほぼすべての登場人物が、自分がその家に生まれたことの宿命と自らの想いの間で悩み、運命に翻弄され、生きていく。大河ドラマではあるけれど、歴史上の記号としてではなく、弱みも抱えた生身の人間として各登場人物が繊細に描かれ、それぞれの腹の奥が透けて見えるドラマとして惹きつけられた。フリージャズのようなモダンなBGMも斬新だった。

白河法皇は、心のままにならないものとして、氾濫しがちな加茂川の水と双六の賽《さい》と山法師（僧兵）の三つをあげて嘆いていたが、清盛はそれならばそれらを思うようにしてみせる、と野心をむき出しにする。無邪気な野生児から自我に悩む思春期を経て野心あふれる若者に。さらに、商才に長けた知的で頼もしい中年から、支配欲にとりつかれた狂気の老人へ。歳月と運命の波にもまれながら変化していく平清盛という強烈な存在を、まだ二〇代だった松山が、その魂が乗り移ったかのように演じ、圧巻だった。これまでは、年長の役者が「清盛入道」をふてぶてしく演じることが多かったが、ひたむきに海の都を夢見たひとりの悲しい人間としての清盛の、青春時代も含めた魅力を新たに引き出したと思う。

後の戦国時代では、武力を采配していかに戦争に勝つかを常に考える暴力のみが支配する世界になるが、貴族支配からの過渡期のこの時代では、舞や歌会など、文化的な嗜みを披露する場も重要な政治の場として丁寧に描かれている。清盛の父の忠盛も、息子の重盛も、孫の維盛、資盛も、舞いを披露する。また、後白河法皇（松田翔太）などの王族も、運命に翻弄される白拍子らも、舞い、うたう。武士の身を捨てた西行法師（藤木直人）も折節に歌を詠み、朗唱する。双六の賽は全編を通じてふられる。同時に、利権争いの戦いが起こる。陰謀の傍らに遊びがあり、遊びの傍らに血が流れる。

「平家でなければ人でなし」と述べた清盛の義弟の平時忠（森田剛）の命により生まれた禿《かむろ》と呼ばれる偵察団の少女たちの着ていた衣装の色が目の奥に消え残っている。清盛が建立した厳島神社の、海に浮かぶ美しい鳥居の色と同じ、あの赤い色が。

夜はおわる夢はおわると唄いつつ海より夕日呼び出している

『平清盛』

『パリ、テキサス』（1984年　西ドイツ・フランス）

監督＝ヴィム・ヴェンダース　脚本＝サム・シェパード
出演＝ハリー・ディーン・スタントン、ナスターシャ・キンスキーほか

砂地をつらぬく長い道

この映画は、公開当初に映画館で観た。私はまだ学生で、演劇研究会の友達に誘われて観にいった。ヴィム・ヴェンダース監督がどんな作品を作る人かは分かっていなかったが、ビビッドなピンクの、背中の大きくあいたドレスを着たナスターシャ・キンスキーが振り返るポスターは、とても魅力的だった。いつも熊の着ぐるみの中にいる風変わりな女性の『ホテル・ニューハンプシャー』（トニー・

リチャードソン監督）や薄幸の貴婦人の『テス』（ロマン・ポランスキー監督）、黒豹に変身してしまう色っぽい猫人間の『キャット・ピープル』（ポール・シュレイダー監督）など、ナスターシャ・キンスキーという俳優の演じるエキゾチックな存在感に胸をときめかせていた。当時、与謝野晶子の「やは肌のあつき血汐にふれも見でさびしからずや道を説く君」という短歌が楽曲として歌われたサントリーのCMにも登場し、象徴的な存在だったのだ。気になりすぎて、ナスターシャの父で、怪優と呼ばれたクラウス・キンスキー主演の『アギーレ／神の怒り』（ヴェルナー・ヘルツォーク監督）まで名画座で観た。

話がそれたが、二〇歳そこそこで観た『パリ、テキサス』、実は途中で少しうとうとしてしまった。テキサスの茫漠たる風景と訥々《とつとつ》とした会話、けだるいギター演奏。目も覚めるようなピンクの服が現れる頃には起きていたが、きちんと理解できないまま、長い年月が過ぎてしまった。

今になって配信で見直し、風景も、人も、言葉も、音楽も、深く、強く、胸に響いた。砂漠、ハイウェイ、パーキングエリア、郊外の家と学校、夕暮れの高層ビル、奇妙な壁画のある下町……どの場面の風景も絵として美しい。放浪していた中年男（トラヴィス）が、弟（ウォルト）に迎えにきてもらい、彼らに庇護されていた七歳の息子（ハンター）と再会する。その後、行方不明の妻（ジェーン）を探す旅に出る……。

あからさまな悪人は一人も出て来ず、日常と非日常の境目で繊細な精神がしずかにゆらぐ。やさしくて思いやり深い人たちに囲まれているのに、常にやるせなさがつきまとう。

映画は、テキサスで行き倒れたトラヴィスをウォルトが迎えにいく旅、弟夫婦とハンターのロサンゼルスでの暮らし、トラヴィスとハンターの、ヒューストンへのジェーンを探す旅と、大きくわけて三つのパートで構成されている。

テキサスでのトラヴィスは、ほとんどしゃべらない。黒々とした髭、ボロボロの靴、うつろなまなざしで、廃人のようである。一方でこだわりが強く、迷惑も顧みず特定の物を所望する。不条理な要求も汲むウォルトは、小さい頃から兄の性格を熟知しているからだろうか、辛抱強く付き合う。この旅の途中でテキサスにあるパリという名前の町に土地を買ったことをトラヴィスが打ち明ける。自分の命の原点なのだと。

ロサンゼルスではウォルトの妻アンの気遣いもあり、ハンターとトラヴィスが次第に心を開いていく。このパートはおだやかでコメディータッチなので、ほっとできる。トラヴィスとハンターが、道を挟んでお互いの歩き方で気持ちを交歓するシーンが好きだ。さらに胸に迫るのが、皆で観る8ミリフィルムである。海辺に住んでいたトラヴィス一家をウォルト夫婦が訪ねていったときに撮影したもので、ハンターは三歳、若妻ジェーンも初めて顔を見せる。みな海風に吹かれて髪や衣服が揺れ、たっぷりの光の下でまぶしそうにしている。それを、暗い室内で、夢を見るように観る。トラヴィスは久しぶりに観る妻の姿が痛切すぎて、顔を覆う。ハンターは、その様子から父親の気持ちを察知する。

その後のトラヴィスとハンターとの二人旅の、はらはらする過程を経て、悪い夢を見ているような場所で、ジェーンとやっと巡り合う。このときのナスターシャ・キンスキーの魅惑的なこと！　初見のときよりもずっと心を奪われてしまう自分がいた。受話器ごしに長年の想いを告白するトラヴィスは、妻のことを愛しすぎて逸脱してしまったのだ。ガラスに手を添えて語るジェーンは、気持ちをコントロールできなかったことを悔やんでいる。すぐそばにいても、心理的にも物理的にも、二人は隔たりを解くことはできない。

ラストシーンは、よかったね、という気持ちと、暗澹たる気持ちとの両方が立ち上がる。自分が年齢を重ねたせいなのか、登場人物一人一人の気持ちをそれぞれ考えてしまうのだ。トラヴィスとジェーン、それぞれ身勝手で無責任だけれど、愛情は深い。その愛の収め方が分からず、ときとして暴走してしまうのだ。賢くて鋭いハンターは、幼い胸に不穏な空気を吸っていたのかと思う。なにより、実の両親から置き去りにされたハンターを大切に愛情深く育ててきたウォルトとアンが切ない。

その後、皆の人生はどうなるのか、トラヴィスの空白の時間に何があったのか、ジェーンはどのような人生を送ってきたのか、映画の中では描かれることのなかった時間が、鑑賞後にじわじわと広がっていく。やるせなさを引き摺《ず》りつつも、ちゃんと幸せを模索したいと、まじめに考えてしまう。

全体を通して色彩が印象的で、アンの明るい色の花柄の服、父子の赤い服、母子の緑の服など、身に纏う衣服にも意味を見出したくなる。そういえば、トラヴィスがロサンゼルスで家中の靴を天日干しにしていたけど、あれはどういう意味があったのだろう。

ドイツに生まれたヴェンダース監督は、この映画ののち、叙情詩のような『ベルリン・天使の詩』や、キューバ音楽のドキュメンタリー『ブエナ・ビスタ・ソシアル・クラブ』、ダンサーのピナ・バウシュを長年撮影した『Pina ピナ・バウシュ 踊り続けるいのち』、役所広司主演の『PERFECT DAYS』などすばらしい監督作品を作り続けている。

風がふいてふりかえったらもういない君は花びらそのものだから

『パリ、テキサス』

『トニー滝谷』（2004年）

監督・脚本＝市川準　原作＝村上春樹
出演＝イッセー尾形、宮沢りえほか

あなたに足りないものはなに？

『トニー滝谷』は、村上春樹の同名の短編が原作の映画で、市川準が脚本・監督を担当している。村上春樹原作の映画といえば、アカデミー賞の国際長編映画賞などを受賞して大きな話題となった濱口竜介監督の『ドライブ・マイ・カー』が記憶に新しい。『ドライブ・マイ・カー』で主演を務めた西島秀俊が、『トニー滝谷』のナレーションを務めている。『ドライブ・マイ・カー』は、物語の舞台や登場人物の設定やセリフなど、小説から大胆なアレンジが施されているが、『トニー滝谷』の方は、原作にかなり忠実に作られている。ほぼ原作の言葉通りに朗読する西島のナレーションには、ときおり、主役のイッセー尾形と宮沢りえも文章の途中を引き継ぐように加わるなど、舞台劇的な演出がされる瞬間もある。

村上がハワイで買った「"TONY"TAKITANI」と胸に描かれた一枚の黄色いTシャツから想像をふくらませて書かれたという短編「トニー滝谷」。戦時をジャズトランペッターとして上海で派手に過ごした男の息子、という設定を与えられた「トニー滝谷」は、父親の影のような存在として孤独を具現化したような人物だが、共感する部分もある。

色を抑えたシックな色調の映像は絵画的で、ヴィルヘルム・ハンマースホイの静謐な室内画を思い出させる。イッセー尾形は、主役のトニー滝谷とその父の滝谷省三郎の二役を、宮沢りえは、トニーの妻とその妻の洋服を着てほしいと依頼されるアルバイトの女性の二役を演じている。物語の主な人物はこの四人。つまりほぼ二人の芝居の舞台を観ているような、とてもシンプルな構造なのである。

四人の主な登場人物は、それぞれ一人でいるときの動作や表情がそれぞれを象徴する切り取られ方で撮影され、トニー滝谷の世界の中で、西島のナレーションを浴びる。雨の日に、少し曇った窓ガラスをのんびりと眺めているようである。しずかでさびしい感じがするけれど、悲しいわけではなく、心地よくて落ち着く、豊かさとしての雨を眺めているときに似ている映像体験だと思う。

高台に建つ家から見える広々とした景色と空。そして、街をさまよう女性の靴のクローズアップが対比的である。

生まれてすぐに母親を亡くしたトニーは父子家庭で育つ。演奏家として仕事で旅に出ていることの多い父親はほとんど家におらず、身の回りのことを一人でこなせる大人びた子どもから、孤独でクールな青年に育ち、精密な絵の描けるイラストレーターになった。しかし一人で充足していたはずのトニーが、一人の女性に出会って恋をし、愛を得たことで孤独に戻ることを極端に怖れるようになるのだ。人間の心の難しさを感じて、胸が苦しくなる。極上の幸福には、究極の苦しみがもれなくついてきてしまうのか。

トニー曰く「君みたいに服を気持ちよさそうに着こなしている人には初めて出

会った」とそのセンスに惚れて結婚した妻だったが、結婚してしばらくするとやたらと洋服を買いすぎることだけが気になりはじめる。この女性がトニーと出会ったばかりの頃に語った「洋服って、自分の中に足りないものを埋めてくれるような気がしてる」というセリフが心に深く残っている。人間にとって洋服は、刺激や寒さから身を守ってくれる、なくてはならないものだが、そうした物理的な必要性以外の心理的な欲求――かわいく、すてきに、かっこよく、うつくしく見られたい、という外にアピールしたい気持ちを刺激するものでもある。どこに、どんな服を着ていくかを選ぶとき、自分がどんなキャラクターで、どう見られたいのかを表明することにもなる。

妻が洋服の買い物中毒であることは原作通りだが、上記の女性のセリフは、小説には出てこず、映画のオリジナルのセリフである。文字だけだと少し説明的な言葉のように感じるかもしれないが、宮沢りえの声で、目の前の川（海？）が反射する光を見ながら訥々と語られることで、思わずこぼれ出た言葉として受け止められる。

小説にも、映画にも出てくるテキストとして印象に残っているものに「滝谷省三郎は父親に向いた人間ではなかったし、トニー滝谷もまた息子に向いた人間ではなかったのだ」がある。昨今は「毒親」という言葉が浸透し、不全な子育てが糾弾される世になったが、親と子、双方のパーソナリティーの特性として見解を述べたこの文章は、それぞれの生き方を肯定も否定もしない。どんな関係だったとしても、もともとそうなってしまう性質なんだ、まあいいかと思える開き直りへと導いてくれる気がする。

「彼女はまるで遠い世界へと飛び立つ鳥が特別な風を身にまとうように、とても自然に服をまとっていた」という、さらさらのワンレングスの髪が印象的な優雅な妻と、今どきの前髪ぱっつんの髪形で失業中のキュートな女性の二役を、宮沢がそれぞれ魅力的かつ絶妙に演じ分け、楽しかった。ファッションは確実に人を別人にする。

妻は愛の気配と肉体の影のような大量の洋服と靴を残し、父は音楽の記憶とその記録媒体である大量のレコードを残した。対照的に描かれるこれらのエピソードは、人間の生と死と孤独をやるせなく融合させる。

映画全体を包む坂本龍一の音楽は、映画に合わせて即興で奏でられた曲だそうだ。魂をゆらす美しい音である。一人に一つ与えられた身体。生まれたときから孤独であることが運命づけられているその宿命を、心地よく寿いでくれるようだった。

つつまれてほどかれて今ゆれている昨日の夢のぬけがらのごと

『トニー滝谷』

『過去のない男』（2002年　フィンランド）

監督・脚本＝アキ・カウリスマキ　出演＝マルク・ペルトラ、カティ・オウティネンほか

人生は後ろには進まない

記憶を失う、という切り口は、これまで様々な物語のシチュエーションとして提示されてきた。例えば、ソフィア・ローレン主演のイタリア映画『ひまわり』（ヴィットリオ・デ・シーカ監督）では、マルチェロ・マストロヤンニ扮する夫がロシアの極寒の戦地で記憶を失う。渡辺謙主演の『明日の記憶』（堤幸彦監督）と日本のドラマを下敷きにした韓国映画『私の頭の中の消しゴム』（イ・ジェハン

監督）は、若年性アルツハイマー病を題材にしている。小川洋子原作の日本映画『博士の愛した数式』（小泉堯史監督）は、事故で八〇分しか記憶がもたない数学博士が登場する。

記憶を失うということは、誰にでも起こる可能性があるが、その人がその人らしく生きて積み重ねてきた歳月と人間関係を失うということである。本人はもちろん、まわりにいる人にとっても、とてつもなく切なく、重いことである。

フィンランド出身のアキ・カウリスマキ監督の『過去のない男』の主人公の中年男も、ヘルシンキへの旅の途上で暴漢に襲われ、過去の記憶をすべて失ってしまう。名前も思い出せない。その人の人生にとって致命的ともいえる悲劇が起こったのだが、この映画は、重苦しくはない。主演のマルク・ペルトラはじめ、誰も苦悩に悶えたりはしない。みな淡々と事実を受け止め、淡々と会話する。とても親切な人がいたり、守銭奴のような人もいたり、と多少の温度差はあるが、行き場のない男に対し、街の人々はたいていやさしい。この感じが、観ていてとても心地よいのだ。深刻な状態にあるときでも、ことさら心配されたり、こまごまと世話をやかれたりするより、ある程度放っておかれた方が気が休まるのだろうな、とも思う。

ペルトラは、がっちりとした大柄な男だが、さびしそうな眼差しが印象的で、まわりをなごませる哀愁がある。味のある俳優で、どこかで見たことがあるような気がすると思って調べたら、荻上直子監督の『かもめ食堂』に出演していたのだった。閑古鳥の鳴いている食堂の店主（小林聡美）に珈琲が美味しくなる呪文を教える、あの不思議なお客さん。さらに調べていたら、二〇〇七年の年末に亡くなっていたことを知った。とても悲しい。

主人公だけでなく、記憶を失った男を支えるまわりの俳優たちも味わい深くてとてもいい。特に、男に恋心を抱く救世軍の職員の女性、イルマ役のカティ・オウティネンの、一見ぶっきらぼうで無表情にみえるその奥に流れる情感が伝わる演技。つつましい雰囲気なのだが、淡い色の瞳に独特の魔力があり、あの目でじっと見つめられると、なにもかも打ち明けてみたくなるような迫力がある。

『過去のない男』は、カウリスマキ監督の『浮き雲』『街のあかり』の「敗者三部作」の作品である。「敗者」というのは、社会的に不遇な立場に追いやられた人、という意味で、不況を背景とした不条理な解雇や、組織的な詐欺に巻き込まれるなど、フィンランドに生きる労働者の不運を、ペーソスとユーモアをまじえながら滋味深く描いている。オウティネンはこの三部作をはじめ、カウリスマキ作品の常連である。

怪我を負った記憶喪失の男を保護し、体力が回復するまで世話をした親切な夫婦は、広場に置かれたコンテナで暮らし、週に二回の警備の仕事しかない不安定な生活をしている。それでも仕事があるだけ幸運だ、いずれ公営アパートに住めるはずだ、と前向きで楽天的である。楽天的だからこそ、男を助けたのだろう。その夫が、男を励ますために言った「人生は後ろには進まんよ。進んだら大変だ」というセリフが心に残った。

過去を忘れた男は、人生を俯瞰して考える上で象徴的な存在だと思う。過去を忘れても生きていける。過去は忘れても大丈夫なのだ。今を生きよう。ほんの少し先の明日に喜びと希望を見出そう。そんなメッセージが込められているようにも思う。男が庭に植えたじゃがいもが芽吹き、海風に吹かれる。喪失ののちにも得られるものはある。

人々の表情もファッションも街並みも、堅実、という言葉がとてもよく似合う。

地に足をつけて、ゆっくりと人を愛し、音楽を楽しむ。音楽の新しい楽しみ方を示唆するのが「過去のない男」なのである。ベテランの女性職員が気持ちよさそうに歌いあげるときの皺もしっかり捉えているが、堅実さの先にある美しさとして輝く。彼らが光を浴びながら口にする歌詞が、ときに胸の底の悲しみを代弁する。この映画は、音楽劇でもあるのだ。

音楽といえば、男が列車の中でクレイジーケンバンドの日本語の歌が流れる中、にぎり寿司を食べるシーンがある。あまりに唐突だったが、カウリスマキ監督は、小津安二郎などの日本の映画の影響を受けているらしい。日本へのリスペクトの表明の一種なのだろうか。固定されたカメラに向かってほぼ棒読み風に話す感じに、小津映画との共通点を感じる。登場人物が概《おおむ》ねシャイできまじめであるという点も。

記憶喪失者という根本的な謎を孕《はら》んで進むこの映画、銀行強盗に巻き込まれ、そのあおりで逮捕されたり、逮捕がきっかけで男を知る人物から連絡があったりと、波乱万丈な展開もある。しかしどんな場面でも皆、冷静である。それも、あたたかくて包容力のある、誇り高き冷静さである。アキ・カウリスマキの映画は、心のしずけさを取り戻すために何度も繰り返し観たくなる。

闇の中に光る入り口そこに立つ人が手をふる　歌っていたね

『過去のない男』

『あのこは貴族』（2020年）

監督・脚本＝岨手由貴子　原作＝山内マリコ
出演＝門脇麦、水原希子ほか

窓を見る、ドアを開く

ちょっとお茶をしよう、と言って入ったお店で五〇〇〇円もするアフタヌーンティーを軽々と注文する。そんな東京育ちのお金持ちの大学生に、ぎりぎりで生活している地方出身の同級生が思わず「あのこは貴族」だと思ってしまうエピソードが表題になっている。山内マリコさんの同名の小説が原作である。

高度経済成長を経た昭和の日本ではしきりに「一億総中流」という言葉が聞こ

えてきた。敗戦後の貧しさから抜け出し、皆同じような、そこそこゆとりのある生活が送れる社会を目指していたし、実現できると信じていた。男は生涯一つの会社で勤め上げ、女は専業主婦として夫を支えさえすれば、「中流」の一員として安泰で、次の世代もそれが続くと思われていた。しかし、一九九〇年前後のバブル経済崩壊後の長い不景気は、多くの人が安定的な職業を得ることが困難になり、次第に格差社会と呼ばれる社会になっていった。親は自分の人生で培った価値観で子どもの生き方を指南するけれど、時代は変化してしまうのだ。

『あのこは貴族』は、そんな現在の日本の状況を象徴する首都、東京を舞台に、生まれ育った環境の異なる若い女性たちが人生を模索する姿をリアルかつ切実に伝える。

東京の都心部にある高級住宅地、松濤に住む榛原《はいばら》華子の父親は、病院の院長。裕福な家の三女なのである。おっとりとしたお嬢さん育ちの華子だが、二〇代後半になり、結婚を焦っている。家族の知り合いが勧める相手との見合いを繰り返すが、なかなか思うような人に巡り合えない。お嬢様育ちで、おっとりとして主体性がない、あやうい雰囲気を門脇麦が絶妙に演じている。

もう一人の主人公の時岡美紀は、富山の田舎から上京し、慶應義塾大学に入学した。パチンコ好きの父親は、失業後なかなか安定した仕事に就けず、家計は逼迫し、美紀の学費も支払えなくなる。自分でなんとかしようと考えた美紀は、時給のいい夜の接客業のバイトをするが、学費までは賄えず、大学を中退してしまう。そんな努力家で芯の強い美紀を水原希子がクールに演じている。

この対照的な二人の育った環境の顕著な違いを、家族が集まる正月の風景で象徴的に伝えている。榛原家は、祖母、両親、長女の一家、バツイチ独身の次女で、みなフォーマルな装いで、ホテルでの優雅な会食を行う。一方、美紀の富山の実家でのお正月の風景。シャッター街の続くさびれた街にある美紀の家は殺伐としていて、母親が普段着にエプロンで忙しく正月の食事を調えている。美紀も家に着くなりジャージに着替え、たいへんラフな格好で正月を迎える。

家族が集まる正月という特別な日の対比は、その出自の違いを明確に照らし出す。それは、制度としての貴族がなくなった現代社会が潜在的に抱えている経済的格差による分断を可視化することでもある。

華子はいくつかの婚活に失敗したあと、義兄の紹介で知り合った、ハンサムでジェントルマンな青木幸一郎に魅かれて結婚する。幸一郎は幼稚舎から慶應義塾大学に進んだ超名門の家の御曹司で、卒業後に偶然知り会った美紀と一〇年にわたって親密な関係が続いていた。その状態で華子と婚約したのである。事情を悟った華子の友達の相原逸子が、華子と美紀を引き合わせる場面がある。逸子は、決して二人を対決させたり、責めたりしたいわけじゃないのだと美紀に伝える。むしろ女性間の分断や対決をあおる傾向に違和感を覚えているのだと。

立場の違う女性たちが、憎みあうのではなく連帯を願う。シスターフッド的な逸子の考えは、この映画全体のテーマでもあると思う。生まれ育った環境によって育ってしまった価値観は、大人になると容易に覆すことは難しい。それでも、時代の変化に合わせてアップデートしていく必要が常にある。彼女たちは、それぞれの生き方を認め合い、尊重しつつ、自分の人生の足元もしっかりと見つめ直そうとする。その姿に、観ている自分の人生についても考えさせられてしまう。

貧しさから生じる苦労もあれば、家業を継ぐことを期待される、裕福な家族ならではの苦悩もある。そうした分断の図式は、映画で初めて気づいたというわけではなく、以前からぼんやりと感じていたことだが、映像化されることによって解像度が増し、それぞれの人生を疑似体験することで実感できた。各場面のファッション、訪れる場所、移動手段、しぐさ、飲み物、食べ物、口調、まなざし、室内の調度類に至るまで、綿密に描かれるそれらが、セリフ以上に饒舌に、分断された世界を物語る。

夜のタクシー、ラグジュアリーなカフェやレストランやホテル、邸宅やマンションなどの窓から見える東京の景色が、夢のように美しく映し出される。二〇一六年のお正月の夜から始まるこの映画は、オリンピック開催に伴う工事が随所で行われていた頃の気配も刻んでいる。本当の主役は、東京という象徴的な街そのものなのだと思う。

各登場人物の詳細な事情や心理の機微は、原作を読むとより繊細に感じ取ることができる。少し異なる部分もあり、それぞれ魅力的である。例えば華子がジャムを指で舐めるシーンは映画のオリジナルである。「読んでから観るか、観てから読むか」という言い回しが、以前テレビCMでしきりに流れたが、『あのこは貴族』に関しては、どちらが先でも大丈夫、だと思う。

華子に美紀が語る「どこで生まれたって最高って日もあれば、泣きたくなる日もあるよ」というセリフが胸に響いた。これは、「でもその日なにがあったか話せる人がいるだけで、とりあえずは充分じゃない？　旦那さんでも、友達でも。そういう人って案外出会えないから」と続く。「案外出会えない」人は、この社会を漂うように生きている一人でもあるのだな、と窓の景色を眺めながら思った。

赤いジャム指先で舐め桜色の器官の奥に気持ちを溶かす

『あのこは貴族』

『リリーのすべて』（2015年　イギリス・ドイツ・アメリカ）

監督＝トム・フーバー　原作＝デイヴィッド・エバーショフ
出演＝エディ・レッドメイン、アリシア・ヴィキャンデルほか

身体の奥から生まれた願い

自分の夫が、ある日女性になってしまう。それがありえないことではないことを、今の私たちは知っている。しかしこの映画の舞台である一九二六年には、ほとんどの人が思いもよらないことだっただろう。

主人公のアイナー・ヴェイナー（エディ・レッドメイン）とゲルダ・ヴェイナー（アリシア・ヴィキャンデル）の夫婦は、共に画家である。二人はデンマーク

の首都コペンハーゲンで、お互いの仕事に敬意を払いつつ生活し、深く愛し合っていた。故郷のヴァイレの風景を繊細なタッチで描くアイナーと、人物をダイナミックに描くゲルダ。作風の違いが性格の違いでもあるが、違うからこそ深く惹かれ合ったのだと思う。

ある日、ゲルダの絵の女性の足のモデルを、アイナーが臨時でつとめる。やわらかくて美しい女性の衣服にふれるうちに、アイナーは気持ちが動いていく。モデルをしていたときに訪ねてきたゲルダの女友達が偶然手にしていた百合の花から、女装したアイナーに「リリー」という名前が与えられる。百合の花束を持ってポーズを取る、お茶目な表情のアイナーがとてもかわいい。その後、アイナーは、女性として生きることを決意するのである。

この物語には、モデルがいる。世界初の性別適合手術を受けたリリー・エルベである。この名前は、アイナーが性転換手術後に用いた名前なのだ。リリーのことを描いたデイヴィッド・エバーショフによる小説『THE DANISH GIRL』が原作。脚色されている部分もあるようだが、ゲルダ・ヴェイナーが、リリーを題材にした絵は、実際に多数残されている。

夫の女装姿が思いの外《ほか》魅力的だったことから、当初はゲルダの方が積極的にメイクや衣装選びを手伝い、その姿を絵に描き留め、パーティーへの出席を促す。しかし、リリーと男性がキスをする場面を目撃したゲルダは、苦悩しはじめる。愛する夫の心が女性のリリーになっていくことへの戸惑いは大きかった。片やアイナーは、自分の中に潜んでいたリリー（女性）を発見し、新たな喜びを覚える。愛する妻ゲルダを悲しませることだと知りつつも、もう心は元には戻れなくなっていった。このあたりの二人の揺れる気持ちを表現した、エディ・レッドメインとアリシア・ヴィキャンデル、二人の俳優の繊細な演技は本当にすばらしく、どちらの気持ちもじんじん伝わる。

性自認が揺れ、自分がかつての自分でなくなっていくことも、夫が夫でなくなっていくことも、大きな痛みを伴うことだと思う。それを切実に気づかせてくれる意味でもこの映画の果たす役割は大きいと思う。

アイナーが受診したいくつもの病院で、女性になりたいという願いは、精神疾患として扱われてしまう。この時代は、そのような扱われ方が一般的だったのだ。しかしゲルダは、戸惑いながらもリリーを受け入れ、手術を受けたいという希望を認め、支える決意をする。この手術をするということは、夫をなくすことだと分かった上で、である。

男性器を切除する危険な手術を乗り越えたリリーは、以前のように同じベッドでゲルダと眠るのだが、二人の間は薄い布のカーテンで仕切られるようになっていた。カーテン越しにリリーを見つめるゲルダが切ない。すぐそばに愛する人はいるけれど、二度と男女として愛し合うことはできなくなったことを、この薄いカーテンが示している。

恋愛と性的衝動は切り離せない。アイナーが女性になることで妻との恋愛は成立しなくなったのだが、彼らは離婚せず、一緒に暮らし続けた。恋愛はできなくても家族としての愛情は変わらずにあったからだろう。

そんな夫婦の形があってもいいではないかと一瞬思ってしまうが、最初からそうだったわけではなく、途中からセックスはできず、従って子どもも成すことはできない関係になってしまったのだ。ゲルダは苦しいし、リリーはうしろめたさを抱え続ける。しかしリリーは助けを必要としていて、ゲルダはリリーを見捨てることはできない。複雑な愛の呪縛が、苦い涙を流させる。

一人の男性が、内なる女性に気付き、一人の女性になっていくその当事者の心理を描くと同時に、そばで見守りつづけるパートナーの心理も丁寧に描かれたことが、この映画の一番の見どころではないかと思う。

認めたくないことを認めること。理解しがたいことを理解すること。苦しみながらも肝をすえてそれらを行ったゲルダという女性の強さと奥深さ。リリーの美しさや愛らしさに惹かれている芸術家として、トランスジェンダーも受け入れることができたのだろう。

複雑な思いを抱える彼らをとりまく世界を映画は丁寧に描いている。モダニズム文化華やかなりし時代のファッションに身を包んだ人々と、コペンハーゲンやパリの洗練された街の風景。ヴァイレの、孤独を具現化したような荒涼とした自然の風景。そして、スケッチされるリリーの官能的な表情。どの場面も息を飲むほど美しい。

圧巻は、リリーがお守りのように身につけていたスカーフが、その死後に風にあおられて、ヴァイレの淡い水色の空高く舞うラストシーン。飛んでいくスカーフをつかまえようとする人をゲルダが制し、「飛ばせてあげて」とつぶやく。自由を得た鳥のように生き生きと風にはばたくスカーフは、リリーの魂そのものなのだと思う。肉体から自由になれて、心からうれしそうだ。何度観ても、ここで涙が流れ出てしまう。

はるかなるみずうみに立つ裸木よ光たたえる瞳に眠れ

『リリーのすべて』

『あまちゃん』（2013年）

脚本＝宮藤官九郎　出演＝能年玲奈、小泉今日子ほか

一人残らず好きになる

『あまちゃん』は、二〇一三年四月から九月にかけてNHKで放送された連続テレビ小説、通称「朝ドラ」のドラマシリーズの一つ。『池袋ウエストゲートパーク』や『木更津キャッツアイ』などの独特の世界観のドラマを創出した宮藤官九郎の脚本とあって、放映前から話題になっていたが、活発化していたTwitterなどのSNSでも評判を上げ、放送が終わったあとには「あまロス」と呼ばれる喪失現

象が起こった。私は、神奈川県の三崎で行われていた「いしいしんじまつり」に参加して道を歩いていたときに、突然新聞社から携帯電話に連絡があり、「あまロス」についてのコメントを求められたことを覚えている。とにかく『あまちゃん』は、唯一無二の魅力がほとばしる、特別なドラマなのである。

主役の天野アキを演じた能年玲奈（現在はのん）をはじめ、舞台出身者を中心とする個性あふれる俳優たちがエッジの効いた会話をテンポよく交わしていて、なんど観ても声を出して笑ってしまうし、ふいに涙も流れる。様々な感情がかきたてられているうちに、登場人物を一人残らず好きになってしまっている。

東京に住んでいた女子高生のアキが、母親の春子（小泉今日子）の生まれ故郷である袖が浜（岩手県久慈市の小袖海岸がモデル）に春子と共にやってくるところから物語は始まる。袖が浜にはアキの祖母で海女をしている天野夏が住んでいる。春子は、一八歳のときに家出をし、二四年ぶりにアキを連れて戻ってきたのだ。アキと春子と夏。季節の名を持つ三世代の母子のぶつかり合いを軸にしつつ、岩手県の海辺の小さな町と東京を往還しながら物語は進んでいく。

冴えない女子高生だったアキが、祖母や年長の海女さん、地元の観光協会のおじさんたち、そして親友となる同い年のユイ（橋本愛）とふれあう中で、どんどん生き生きと、明るくなっていき、きらきらと目を輝やかせる。ドラマを観返す度にその目の光が増していくような気がするから不思議である。架空の少女を眺めている意識はどこかに消え去り、同じ場面でわいわい一緒にしゃべっている人間の一人になったような、奇妙な親近感を抱いている自分がいる。

『あまちゃん』が放映されていた当時、短歌の集まりや、通っていたイラストレーションの講座などで、このドラマを夢中で観ていた人と感想を共有しあったこともしみじみと懐かしい。知り合いの話でもするようにキャラクターの行く末や恋愛の顛末を語った。さらに、ドラマの大筋には関係ない、各時代の風俗のマニアックな情報やパロディーなど、「小ネタ」と呼ばれるような雑学も存分に盛り込まれているので、話の切り口は無数に存在する。例えば、花巻さんという観光協会の職員の女性（伊勢志摩）が、イベントのためにフレディー・マーキュリーの扮装をして「レディオ・ガガだ。分かる人だけが、分かればいい」と言った件《くだり》。「レディオ・ガガ」は、当時大人気だったレディー・ガガの芸名の元となったクイーンの曲名なのだ。そうした感想と情報を細かく交わし合う場としてＳＮＳが活躍した。とにかく「分かる人だけが、分かればいい」がたっぷり詰まっている。

毎回のタイトルが「おら、この海が好きだ」「おら、東京さ帰りたくねぇ」などと「おら」で始まる通り、アキの一人称が東北弁の「おら」であるところも、味噌だと思う。一人称「おら」の人は、どんな立場の人とでも基本的にタメ口で話す。誰とも対等で率直で正直な言葉で語る。不器用な印象を与えつつも、自然に人の心の中へすっと入り込んでしまう親しさがあり、いつの間にか愛されている。邪気のない笑顔がとにかくかわいい。

驚きを表現する「じぇじぇじぇ」という方言は、この年の流行語大賞にもなったが、もう一つ注目したい言葉として「かっけえ」がある。「かっこいい」をカジュアルな口調にした言葉で、ウニを採る夏や、先輩海女たち、ユイ、先輩など、出会えた人々の魅力的な言動を目にしたときに、思わず口からこぼれ出るアキの口ぐせなのである。相手のかっこよさを敏感に見つけて素直に讃えられる。これは、人間の度量が必要なことだと思う。「かっけえ」と思えるアキこそ「かっけえ」と思う。

岩手編、東京編、そして東日本大震災後の岩手編と、舞台は大きく三つに分かれ、アキがその都度目指すものは、海女、アイドル、震災後の立て直しと変化するのだが、どんな状況下に於いても、その明るさと率直なエネルギーで人に好かれ、まわりの人を変えていく。激しくぶつかることがあっても、落ち着いたときには、その場所がとても居心地のよい場所になっている。特別の技能を持っていなくても、人を、場所を、特別なものに変える力は、案外誰もが持っているのかもしれない、とほんのりと思う。

終始コミカルに進むが、いくつものテーマが、いくつかの対照として浮き彫りになる。親と子。東京と地方。タレントとプロデューサー。友達。男女。過去と現在。そして、災害と支援。昭和のアイドルが華やかに活躍していた一九八四年の一八歳の春子の家出から始まり、二〇一一年の震災を経て、ドラマが放映された二〇一三年の震災後の現在地まで、紆余曲折しながら駆け抜けたこの物語のことは、折りに触れて思い出し、生涯忘れないだろう。アキとユイが、光あふれるトンネルの向こうに駆け抜けていくラストシーンは、何があっても時間は続き、希望はきっとある、と思わせてくれる。

そして、もう一つの主役は、三陸海岸を走る鉄道である。ドラマで北三陸鉄道リアス線、略して北鉄《キタテツ》と呼ばれる鉄道のモデルは、三陸鉄道（リアス線）である。震災で大きな被害を受けたあと、台風の被害もあり、休止を余儀なくされたこともあったが、今は全線で運転が再開されている。私も数年前に訪ねていって乗ることができた。海沿いを走るかわいい車両は、地元の高校生やご老人や観光客や光や風も乗せて、ゆっくりゆっくり走り続けている。

何度でも生まれかわって海になる棘を育てて咽喉を鍛えて

『あまちゃん』

『サイダーハウス・ルール』（1999年　アメリカ）

監督＝ラッセ・ハルストレム　原作・脚本＝ジョン・アーヴィング
出演＝トビー・マグワイア、シャーリーズ・セロンほか

生きていくための儀式

スウェーデン出身のラッセ・ハルストレム監督の『サイダーハウス・ルール』はアメリカの作家ジョン・アーヴィングの同名小説が原作の映画。アーヴィング原作の映画といえば、『ガープの世界』（ジョージ・ロイ・ヒル監督）、『ホテル・ニューハンプシャー』（トニー・リチャードソン監督）も、とても好きである。どちらも波乱万丈で、時に奇想天外な展開があり、ポップかつシニカルな世界観

が印象的だが、『サイダーハウス・ルール』は、現実を正面から描いた重さがあり、しみじみと胸に染みる。他の映画と異なり、脚本もアーヴィング自身が書いていることにも注目したい。

主人公は、一九二二年のアメリカ合衆国のメーン州ニューイングランドの山の上のレンガ造りの孤児院で生まれたホーマー。あるとき孤児院を出て、海辺のりんご農園で働くことになる。このりんごをつぶしてサイダー（りんごジュース）が作られる。りんごを採取し、サイダーにする作業を手伝う季節労働者の寝泊まりする小屋である「サイダーハウス」に掲示されていた注意書きのことが表題になっているのである。そのルールは、雇い主が一方的に定めたあまり意味のない内容だが、黒人の労働者は文章を読むことができない。人間にとって様々な「ルール」とは何か、という根源的な疑問を投げかけている。

孤児のホーマーのことを実の父親のように見守る医師のラーチは、望まない妊娠をして追いつめられて訪ねてきた女性の望みを受け入れ、秘密の出産の介助や不法な中絶手術を行っている。ホーマーに自分の持つ医学的技術を伝授し、「人の役に立つ人間になれ」と何度も語り、いずれは自分の後継者となってくれることを願っている。学習能力が高いホーマーは、淡々と医療行為を手伝いつつも、違和感を抱いている。

ラーチをはじめ、孤児院にいる無力な子どもたちや若い女性たちの力になるため、大人や年長の少年たちは、心をこめて尽力する。その姿に胸が熱くなるのだが、そういった人たちを含めてこの映画に出てくる人たちは、皆なんらかの「ルール」を逸脱している。人によっては許されない、と思う部分もあるだろう。

波乱に充《み》ちた物語を描きつつ、人間一人一人の負の部分も、時にコミカルに、時にシリアスに、しっかりと描きこまれている点は、アーヴィング原作の映画に共通しているように思う。アーヴィングの小説の細部の念入りな書き込みには、いつも圧倒される。映画ではかなり省略されているものの、そのスピリットは生かされているのだと思う。

子どもたちから慕われ、体調を顧みず献身しているラーチは、エタノール中毒ぎみで、麻酔用のマスクにエタノールを垂らして眠っている。違法の手術を無免許のホーマーに手伝わせるなど、何重にも法を犯している。弱い立場にある女性たちを救うための信念からくるものだが、ホーマーに対しては、内心「永遠の孤児を作ってしまっているのか？」と自問して、うしろめたさも感じている。

　ホーマーの方でも、自分が孤児院に必要とされていることを自覚して大切に思いつつも、抜け出したいと願っていた。だから中絶手術にやってきたカップルの車に乗せてもらって、さっさと孤児院を出ていくのである。そして、カップルの住む街のりんご農園で働くことになる。軍人の彼氏（ウォリー）が出征したのち、シャーリーズ・セロン演じる美しい恋人キャンディーと恋仲になってしまう。親切にしてくれたウォリーを裏切ることになってしまうホーマーは、これまで特殊な環境の中抑制して生きてきたけれど、ただの若い男子でもあるのだと、伝えるのだ。

　孤児院の子どもたちや看護師たち、サイダーハウスで一緒に寝泊まりする黒人のグループ、キャンディーやウォリーの家族など、ホーマーは関わる人々から愛される。有能でやさしいから、だけではなく、独特の透明感があるからだろうと私は考える。一人一人、いい子、いい人ばかりだけれど、それぞれなんらかの欠落感や喪失感を抱えている。それをホーマーの透明な部分で埋め合わせようとしている気がするのだ。人の役に立つ人間であることを根拠に生きているホーマーは、そうしてゆっくりと充たされていく。

山の上の孤児院、果樹園のある海辺の街、それぞれの四季が移ろう美しい景色の中に、揺れる心が、しずかな声が、溶け込んでいく。

孤児院では、養子として引き取られていった子どもも、亡くなってしまった人のことも、同じように新しい家族を得たのだと、本人不在のまま祝福する。最後に「おやすみ○○」とその人のその日の安らかな眠りを祈るのだ。これを促すのは看護師の役目である。今そばにいなくても、きっとその人はどこかで存在している。気持ちを穏やかに整えるための儀式でもあると思う。

対照的にラーチは、夜眠る前の子どもたちにちょっと怖い話を読んできかせる。心をぞくぞくさせたあと翌日の物語の続きを約束し、部屋のドアを閉める前にこのように言う。

「おやすみ　メーン州の王子とニューイングランドの王たち」

まぼろしの王国が子どもたちの胸で日ごとに膨らんでいく。親のいないよるべない心の中に、たしかな誇りが育っていったことだろう。

りんごを収穫するときには、必ず次の年に実りをもたらす芽を残しておかなくてはいけないと、ホーマーはりんご農園で学習する。心に誇りの芽を残すということは同じことのように思えるのだった。

雨は林檎を屋根をぬらして流れゆく舌を出したり手をのばしたり

『サイダーハウス・ルール』

『スナック キズツキ』（2021年）

原作＝益田ミリ　脚本＝佐藤久美子、今西祐子
出演＝原田知世、浜野謙太ほか

ノンアルコールスナックの自由

コーヒーやお茶を淹れて、ちょっと休憩する時間の平均ってどのくらいだろう。三〇分くらいかなとなんとなく思うのだが、テレビドラマ『スナック キズツキ』は、その三〇分が一話分の長さである。「スナック キズツキ」を訪ねてくる客の一人が、一話分ずつ主人公になる。心身の休憩時間にぴったりのドラマだと思う。このドラマは、益田ミリが二〇二一年に描き下ろした漫画が原作である。一月

に出版して、一〇月にはドラマ化されるというスピーディーな展開だが、全一二話の物語は、何度も時間をさかのぼりながら、ゆっくり進む。

「スナック キズツキ」は、とある町の路地裏の奥の古いビルの地下にひっそりとあるスナック。お店の電飾看板にはキツツキの絵が描かれている。「キツツキ」と「傷つき」をかけて、傷ついた人、どうぞいらしてください、というようなニュアンスの店名なのかと思う。このスナックは、スナックなのに、店主のトウコ（原田知世）さんがお酒が飲めないという理由でお酒は置いていない。なので、お客さんたちは、コーヒーやジュースなど、そのとき飲みたいと感じたソフトドリンクを注文する。時には、シチューやホットサンドなどの軽食も食べる。

トウコさんが注文を受けてから客に飲み物や食べ物を提供するまでの過程が、繊細に、念入りにゆったりと描かれているところがとてもいい。ガラスコップに氷がふれる音、コーヒー豆に湯が注がれる音、カップがテーブルにことりと置かれる音、飲み物を啜る音、煮物がことこと煮込まれる音、ホットサンドを切り分ける音、などなど、生活音が心地よく響く。なんでもない動作から生まれる日常の音が、こんなにも気持ちのよいものだったのかと気づき、自分の毎日の生活音にも耳を澄ませたくなる。

　生活音がきちんと聞き取れるのは、それだけまわりがしずかで、こちらもじっくり耳を澄ますことができ、落ち着いた状態であることの証拠。せかせかと慌ただしくしているばかりでは、生活音も聞こえない。ときどき立ち止まって、耳を澄ます。そのことの意義と味わいが、じんわりと染みてくる。

　お酒を出さないお店では、誰も酩酊しない。アルコールの代わりにトウコさんは、それぞれが気持ちを解放できる方法をやや強引に誘う。生演奏で歌ったり、踊ったり、楽器を演奏したり、即興の朗読をしたり、タップダンスを踊ったり。言葉を放ち、身体を動かして、それぞれの高揚感を得る。物理的に酩酊させられるのではなく、自分自身の身体と意識を内側から動かして興奮を得るというのは、実に気持ちのよいものだろうなあと思う。お酒はなくても、人々がスナックに求めているものを、トウコさんはお客さんに自在に与えるのである。常識や固定観念を打ち砕くように。

　いつもゆったりとした白い服を着ているトウコさんの口調が、「そう」や「りょうかい」など、わりとそっけない。内装や食器など、レトロな店の雰囲気と淡々

『スナック キズツキ』

とした会話。子どもの頃の、気を使わないまま家でくつろいでいる感じを思い出させる。

そういえばスナックの女性店主は「ママ」と呼ばれる。いつから誰が言い出したことなんだろう。日本以外でも、酒場の女性のことをそんなふうに呼ぶところってあるんだろうか。「今日こんなことがあったんだよ」と、その日起こった出来事を報告し、不如意な気持ちをぶつけ、共感してそのもやもやをやわらげてもらおうとする心の動きは、子どもが母親に「ねえ、聞いてよう」と語りかけて甘える感じに確かにそっくりである。スナックというのは、大人の仮想ママとのちょっとした即興劇を演じる場でもあるのかな、と思う。「スナック キズツキ」のママのトウコさんは、基本はさっぱりとした対応をしているが、本人に見えないところでやわらかく笑む。おだやかにそっと見守っている感じが、すてきだ。

第一話の主人公は、コールセンターのオペレーターの中田(成海璃子)さん。商品に関するクレームの電話対応していて、時に激しい口調で問い詰められる。しかし、どんな理不尽なことを言われても低姿勢で対応するしかない。そんな仕事の愚痴でも聞いてほしい恋人は、自分の話をするばかりで気遣ってくれない。

そんなもやもやを抱えた中田さんは、「スナック キズツキ」の看板がふと目に止まり、店への階段を下りていく。

次の回では、中田さんのところに強い調子でクレームを言っていた安達（平岩紙）さんという女性が、その次の回では安達さんの通勤バスの隣で足を広げて迷惑をかける大柄な中年男性、佐藤（塚地武雅）さんが、その次の回では、佐藤さんの同僚で中田さんの恋人の瀧井（小関裕太）くんが主人公に、といった具合に、絡まり合う人物がかわるがわるに主人公となる。

誰かが誰かを無意識のうちに傷つけ、その誰かもまた誰かによって無意識のうちに傷つけられる。様々な立場のそれぞれの「傷つき」にフォーカスすることで、人間というものへの理解も深まっていく。ドラマを一通り観終わったあと、まわりの人に以前より少しだけやさしくなれる気がしたのだった。

小鳥たちより集まって水を飲む羽根ほんのりと逆立てながら

『友だちのうちはどこ？』（1987年　イラン）

監督・脚本＝アッバス・キアロスタミ　出演＝ババク・アハマッドプール、アハマッド・アハマッドプールほか

ジグザグ道に希望を託して

間違えて持って帰ってしまった友だちのノートを届けにいく、その一日を追った物語。タイトルがほぼすべてのストーリーを語っているともいえる一九八七年のイランの映画である。監督はアッバス・キアロスタミ。主人公は八歳の男の子アハマッド。その日、アハマッドの友だちのモハマッドは、宿題をノートに書かず別の紙に書いてきたことを先生にひどく怒られていたのだ。今回で三度目だっ

たらしい。次に宿題をノートに書かなかったら退学だ、とまで言われてしまう。宿題をノートに書かなかっただけで退学処分とは、なんて重いと驚いてしまう。この先生は高圧的な態度で子どもたちを叱り続けるのだが、この地域ではそれが当たり前のようだ。映画の中に「大人の言うことを聞きなさい」というセリフや、言外にそれをにじませる場面がなんども出てくる。逆に、大人は子どもの言うことをまともに聞こうとしない。子どもの人権を考えようともしない価値観が地域全体に浸透してしまっているのだ。

というわけで、モハマッドが叱られて泣いてしまったことなど先生はおかまいなし。隣に座っていたアハマッドが強く胸を痛めたことが伝わる、その悲しげな表情が絶妙である。

そんな事情があっただけに、帰り道で転んだモハマッドを介抱したときに預かった彼のノートをうっかり持ってきたことに自宅で気づいたアハマッドは、すぐに返してあげなくては、と思うのだ。しかし、モハマッドの住むポシュテは、アハマッドの住むコケルからはとても遠い。ノートを返しにいきたいと訴えるアハマッドに、母親は子守りや雑用を命令調で頼んだあと、「宿題を先にやりなさい、ノートは明日返せばいい」と、すげない。

ついにアハマッドは母親の目を盗み、ノートを抱えてポシュテに向かって走り出す。その道がとてもいい。少年たちの表情とエキゾチックな風景がこの映画の白眉だと思う。小高い丘を登るための、獣道のようなジグザグの細い道。灰色の雲の広がる空に繋がるその道は、冒険に出かける無力な子どもの不安感を示しているように思う。アハマッドは、モハマッドがポシュテという町に住んでいるらしいという漠然とした情報しか知らないのだ。

オリーブの林、武骨な石の階段、巧緻な装飾の施された窓やドア、風にはためく洗濯物、ゆっくり動く老人、労働を手伝う子ども、ふいに現れる馬、階段をのぼるロバ、赤ん坊の泣き声、猫の鳴き声、犬の鳴き声、風の音……。アハマッドが内面を語るセリフはないが、それらの一つ一つがその心を代弁し、気持ちが伝わる。そのひたむきな姿を見守りながら一刻も早く友だちに会えますように、と祈るような気持ちになってくる。シンプルな話だけれど、ミステリーを追う体感もある。

言葉少なくけなげな子どもたちも、ぞんざいでぶっきらぼうな大人たちも、一人だけ親切にしてくれた饒舌な老人も、いつかどこかで出会ったような懐かしさとリアリティーがある。この映画はフィクションだが、プロの役者は一人も出演していない。現地の人が演じているのだ。出演者はカメラで撮影されるのは初めてだったと思われるし、映画を鑑賞する機会もあまりなかったのではないだろうか。自然な表情や会話が刻まれていることに驚きつつ、プロの俳優ではないからこその表情が刻まれていたのかと思う。

子どもの視線に寄りそうような低位置からのカメラワークも、とても臨場感がある。幼い子どもに労働を強いたり、暴言や暴力をいとわない大人たちの態度には大きな問題を感じるが、映画では、そのような価値観を植え付けられて生きてきたことを事実として留めているだけである。イランの郊外の町の風土を直に知るドキュメンタリー的な味わいがある。家の仕事を手伝っている少年が、兄は戦争に行っている、とぽつりと語る場面がある。イラン・イラク戦争に出征していたのだろう。

この映画には、同じ監督による『そして人生はつづく』と『オリーブの林をぬけて』という続編がある。この二作は、約四万人が亡くなった一九九〇年のイラ

『友だちのうちはどこ？』

ン北西部ルードバール地震後に監督がコケルを訪ね、『友だちのうちはどこ？』の出演者らのその後と、地震後の町で暮らす人々を追った、セミドキュメンタリー形式の映画である。無残に崩れた家並みが悲しいが、生き延びた人は粛々と生活している。いずれも淡々とした映像が続くが、三作品を通して観ると、人間が生きること、生き延びること、望みを持つことのかけがえのなさで胸がいっぱいになる。

小津安二郎に影響を受けたとされるキアロスタミ監督。小津映画が描き出した昭和の日本の風景と三〇年前のイランの町の風景が重なる。暗い夜にはためく白い洗濯物とそこにぼんやりと立つ母親の姿はどこか不吉で、それを無心で見つめる少年の瞳や小さな身体のことも忘れられない。

青いドア開いて降りてくる君のノートは花を散らしやまない

『歩いても　歩いても』（２００７年）

監督・脚本＝是枝裕和
出演＝阿部寛、夏川結衣ほか

確かに生きていた

とある海辺の町に暮らす老夫婦の家に、孫を連れて子どもたちが夏に集まる。よくある情景だが、会話の端々に棘があり、どこかぎくしゃくしている。実は、その家の長男の純平は、一五年前の夏に海で溺れた子どもを助けて亡くなってい て、その事実が深い影を落としているのだ。彼らは純平の命日に集まってきたのである。長女（ちなみ）の子どもは、女の子（さつき）と男の子（睦）、次男（良多）の方は男の子（あつし）が一人。皆小学生だが、あつしは良多と血は繫がっておらず、結婚相手（ゆかり）の連れ子なのだ。良多の母のとし子は、そのことを内心では歓迎していない。しかも良多は失業中で、そのことを親には伝えていない。地元の開業医だった父親（恭平）とは、昔から折り合いが悪いのである。

と、複雑な関係が入り交じり、同じ空間にいることが何かと気まずい時間になってしまう。身内といっても距離感のある人と同じ空間にいるときの、あの、いたたまれないような空気感に、強く共感してしまう。ドキュメンタリーを観ているようなリアルな会話劇で、えもいわれぬ人間関係が繊細に描かれた映画なのである。

主人公は阿部寛演じる良多。父の恭平を原田芳雄、母のとし子を樹木希林、妻のゆかりを夏川結衣、姉のちなみをYOUが演じている。味のある役者さんが揃っていて、過去を回想するさりげない会話からそれぞれの人間味がにじみ出る。

家族愛という言葉もある通り、家族はお互い思いやり、愛し合うのが基本、という既成概念があるが、すべての家族が程よい愛情の程よい関係を保ち続けることは難しい。近いからこそジレンマが生まれ、憎しみが生まれることもある。愛憎の揺れが関係を変化させる。それらを内包するこの映画の面白いところは、表面上はおだやかに明るくすごしている点である。食事を作り、一緒に食べ、ゆっくり散歩をしたり、おやつを食べながら談笑する。その談笑の中に、ちらちらと辛辣な言葉が飛び出し、あからさまな差別意識が顕在化し、人を傷つける。再婚となるゆかりのことを「人のお古」と陰で言ったりなど、とし子が最も辛辣だが、最も正直ともいえる。脚本・監督の是枝裕和は、これは自分の母親が亡くなったときに構想した作品で、「母がそこに生きている」と思える映画にしたいと思ったと語っている。確かに、樹木演じるとし子は、とても生々しく映画の中の「今」を生きている。

純平が助けた少年は、大柄な青年に成長した。とし子はその青年を純平の命日に招き続けていて、この日も汗をかきながらやって来る。不器用そうなフリーターのその青年は、助けてもらったお礼を述べ、恐縮しながら帰っていく。彼が去ったあと、恭平は「あんなくだらんやつのために(息子は死んだ)」と言い、他の家族もひとしきりからかう。良多だけが青年をかばい、命日に呼ぶのはやめてあげるように提案するが、とし子は「一〇年やそこらで忘れてもらっては困るのよ」と言い、明確な悪意を持って青年を呼びだしていることが分かる。このあたりにくると、とし子が無意識のうちに抱え込んでいる狂気を感じる。一方で、とても切実な感情にも思われ、人間が抱えている普遍的な業について考えてしまう。夜の家に偶然入ってきた蝶を、純平が帰ってきたのだと言ってうつろなまなざしで追いかけるとし子が切ない。その姿を見つめる良多も切ない。憮然と見る恭平には悲しみが漂い、呆然と見守るゆかりとあつしの佇まいも胸に染みた。みんなさびしさを抱えた人間なんだと、理屈を超えて迫ってくる。

老夫婦の暮らす診療所を兼ねた古い家での場面が多く、手際よく料理を作るとし子の手元のアップが印象深い。この台所で何十年も料理を作ってきた女の手である。自負を感じる手だと思う。そこから生まれる、とうもろこしのかき揚げは、ほんとうにおいしそう。口に含むときのサクッという音がまたいい。ゴンチチの音楽も終始ここちよい。

墓参りや海辺の散策など、外にふらりとでかけるときは、風景画に溶け込むように少し遠くから人物を捉えていることが多い。木漏れ日と風を体感できる。親子で、あるいは夫婦で、歩きながらぽつぽつと交わされる言葉はどこかなごやかで、未来に向けて開かれているように思う。

『歩いても 歩いても』という表題は、意外なところから取られていることが映画の後半で判明するのだが、絶妙なタイトルだと改めて思う。「歩いても 歩いても」のあとは「たどり着けない」「見つからない」など、否定形にしか繋がらない。目的地は見つからないけれど、ただただ歩くしかない、という意味なのだ。それは生きるということに結びつく言葉でもある。正解は見えなくても、生きて、歩いていくしかないのだ。

『歩いても 歩いても』

黄色い蝶が追いかけてくる振り向くといなくなりそう、なりそうだから

『いつか読書する日』（２００４年）

監督＝緒方明　脚本＝青木研次
出演＝田中裕子、岸部一徳ほか

長い長い階段と恋

物語の舞台は、この映画を監督した緒方明のふるさとである長崎。長崎がこんなにも坂道が多くて階段だらけの街だということをこの映画で知った。生活するには少したいへんそうだけれど、心身が鍛えられて研ぎ澄まされるような気がした。階段をのぼりきった場所から見える風景の美しさが忘れられない。

田中裕子演じる大場美奈子は、まだ夜が明け切らない薄暗い空の下、街を貫く長い長い階段を、たすき掛けにした黄色いかばんと共に駆け登っていく。毎日早朝に牛乳を配達しているのだ。家の光や街灯がぽつぽつと灯る夜明け前の坂の街は海の中のようで、幻想的で美しい。階段や坂道を生き生きと駆けて抜けていく美奈子は、魚のようだ。階段ではずむ度に、黄色いかばんの中の牛乳瓶がチリンチリンと涼しげな音を立てる。

美奈子が新しい牛乳を持ってくるのを玄関先に座って待っている老人もいる。老人が一瓶の牛乳を黙って飲み干すのを、美奈子も黙って待っている。少しおかしくて、やさしい時間である。

一定のリズムで軽やかに階段を上る美奈子だが、もう決して若くはない。五〇歳になる美奈子は独身で、牛乳配達の仕事を終えて一息ついたあと、スーパーに向かう。昼間はレジ打ちの仕事をしているのだ。

美奈子の一人暮らしの部屋にはたくさんの本がある。ベッドの上でドストエフスキーの上製本などをしずかに読んでいる。一人で生きる覚悟を決め、その生活を満喫しているようで、どこかさびしげな表情を浮かべてもいる。

孤独をまとう美奈子には、長い間秘かに想い続けている人がいる。岸部一徳が演じる高梨槐多という人物で、同じ街の役所の児童科に勤務している。実は、美奈子と槐多は高校生のときにつきあっていたが、美奈子の母親と槐多の父親が不倫の関係になり、一緒に乗っていた自転車が事故に巻き込まれて同時に亡くなるという不幸に見舞われた。以来、疎遠になっていた。槐多の方はその後結婚して妻もいる。しかしその妻は末期癌で、自宅療養をしている。

美奈子は、槐多の家にも毎朝牛乳を届ける。牛乳店の店主に「牛乳配達が生き甲斐なの」と述べるが、「槐多の家に」という枕詞がつくのかもしれない。

長崎の街を走る路面電車で槐多は出勤する。スーパーに向かう美奈子は、自転車でその電車のそばを通る。電車が美奈子の自転車を追い抜くとき、槐多は美奈子を見る。美奈子も顔を上げて槐多と一瞬目が合う。お互い、この時間に擦れ違っていることは知っていて、言葉は交わさなくても、視線だけで想いが伝わる。なんだか色っぽい。

最初に観たのは、当時高校生だった長女がこの映画のDVDをTSUTAYAで借りてきたものを一緒に見たときである。二〇〇七年の三月七日のこと。なぜ正確に思い出せるかというと、当時「短歌日記」の企画をふらんす堂のウェブ上で企画していて、毎日短い日記と短歌を連載していたからである。この日の日記は以下の通り。


『いつか読書する日』という映画を、書評の仕事の合間に観た。

誠実に生きて、どうしようもなく起こる悲しみはリアルで、でも、それもまた人生の醍醐味なのかもしれない、と思うと、なんだか清々しかった。

「カレー小僧」の着ていた黄色い服が、視覚の記憶の中でやけに明るい。


「カレー小僧」というのは、カレーを作った家にスプーンを持って現れるという都市伝説的な存在だが、母親に虐待された少年が「カレー小僧」となって実際に現れるのである。槐多が尽力して保護に至った少年だった。

親に背負わされた心理的な重荷、老いと介護、死が迫る病、虐待、不倫、孤独など、街のどこかで生きる人々の抱える問題が様々にちりばめられている。その中で、物語の中心は美奈子と槐多の、消えることのない燠き火のような大人の恋である。二人ともどちらかというと無表情で、深い諦念を抱えているようなのだが、そこが惹かれるゆえんでもある。どちらもまっすぐで善良な市民だが、その善良さを熱演されたら興ざめだったと思う。何を考えているかわからない岸辺一徳のたたずまいは、美奈子にも妻にも愛され続ける不思議な魅力が確かにある。五〇歳を過ぎたストイックな者同志のピュアな恋。大人の恋だからこそその痛みが消え残る。

美奈子の恋物語は、牛乳配達の届け先でもある小説家の皆川敏子（渡辺美佐子）が書く小説として書きとめられていく。読書が唯一の趣味である美奈子は、天涯孤独のさびしさも、本を読むことで魂を掬ってきたのだと思う。その人生が本の中に閉じ込められていくく構成が象徴的である。五〇歳を過ぎても独身の美奈子を気遣う敏子もまた、認知症の夫を見守る深い悲しみの中にある。

父親を衝撃的な事件で失った槐多も喪失感を抱えて生きてきた。父親は有名な画家だったのだが、その派手な人生への反感から、自分はできる限り平凡に生きようとしたと語る。死の床にある妻も、無上の優しさで看護してもらいながら自分が立ち入れない槐多の心を察知してさびしさを感じている。

カレー小僧もさびしい。カレー小僧の母親もさびしい。認知症の夫もさびしい。

美奈子のスーパーの同僚もさびしい。過去の時間の中に留まる高校生の彼らもさびしかった。あちこちで起きたさびしさが波紋となって共鳴し合う。それを描き取るのが文学で、文学をいつでも読めるように紙の中の文字として刻んだのが本なのだと改めて思う。

『いつか読書する日』の「いつか」とは、一体「いつ」なのだろう。

『いつか読書する日』

うつくしい一瞬だけでよかったの　川を流れてゆく柩たち

光の名前

〜映画短歌〜

たくさんの光の中で会えたこと　ハロー　ハロー　声おくります

『8½』（1963年　イタリア）
監督・原案・脚色＝フェデリコ・フェリーニ　出演＝マルチェロ・マストロヤンニ、クラウディア・カルディナーレほか

監督の妻であるジュリエッタ・マシーナが主演した『道』は、深く情緒に訴える映画だが、映画監督が主体の『8½』は、うつくしい悪夢に五感がゆすぶられるようなシュールな作品。全編モノクロの映像に陶酔感が充ちている。

げんじつが僕はとても欲しかった一文字ごとに愛が遠いよ
さびしさが来ないようにと願いつつ娼婦は白いささやきを飲む
うつむいて黙っていても恋人のこころがわりは硫黄の匂い

『地球は女で回ってる』（1997年　アメリカ）
監督・脚本・出演＝ウディ・アレン　出演＝キャロライン・アーロンほか

ウディ・アレンならではのコミカルな恋愛映画。悩める作家ハリーと、その三人の元妻や不倫相手ら個性的な女性たちとの丁々発止のやり取りが見所。恋の苦悶と喜びが同時に起こる。会話中に溢れる詩的なワードが楽しい。

また眠れなくてあなたを噛みました　かたいやさしいあおい夜です

いいのいいのあなたはここにいていいの　ひよこ生まれるひだまりだもの

『あ、春』（1998年）

監督＝相米慎二　脚本＝中島丈博　原作＝村上政彦　出演＝佐藤浩市、山崎努ほか

子どももいる若い夫婦の家に父親と名乗る男が現れ、様々な波紋が投げかけられる。といっても全体的にはなごやかで、人間の愛とは何かをしみじみと考えさせられる。斉藤由貴演じる妻ははかなげで、ほんのり狂気が漂う。

浴槽に浮かんだ写真ほほえみは遠い伝言ゲームのように
「忘れたら淋しいじゃない」結末を持たぬ少女らつめたく光る

『富江』（1999年）
監督・脚色＝及川中　原作＝伊藤潤二　出演＝中村麻美、菅野美穂ほか

伊藤潤二の同名漫画が原作のホラー映画。絶世の美少女川上富江は、様々な男たちの心を狂わせ、何度も殺害されるが、決して死なず何度でも蘇る。菅野美穂が演じた富江は声が高くて愛らしく、怖さが際立つ。

顔に塗る絵具を闇に光らせて立ちすくむのは戦死者の夢

ささやきがしずかな歌にかわるとき墓にそなえる花のごとしも

『夢』（1990年　日本・アメリカ）
監督・脚本＝黒澤明　出演＝寺尾聰、倍賞美津子ほか

黒澤明が実際に見た夢から着想を得た八話からなるオムニバス映画である。黒澤を敬愛するスティーブン・スピルバーグも製作に関わり、全世界で上映された。ノスタルジーをかきたてる映像美に引き込まれる。

手の中の野の花束が枯れるまでわたしは声を待つつもりです

『日の名残り』（1993年　イギリス）
監督＝ジェームズ・アイヴォリー　原作＝カズオ・イシグロ
出演＝アンソニー・ホプキンス、エマ・トンプソンほか

カズオ・イシグロの同名の小説が原作。一九三〇年代のイギリス貴族に仕えた執事が、当時女中頭だった女性と二〇年ぶりに再会し、激動の時代を振り返る。アンソニー・ホプキンスの淡い色の瞳が印象的。

火の中に人ひとりいて炎とは二つの人が重なる現《うつつ》

『火火』（１９９３年）
監督＝高橋伴明・礒野雅宏　脚本＝高橋伴明　出演＝田中裕子、窪塚俊介ほか

信楽焼の陶芸家神山清子の半生を描いた『母さん 子守歌うたって』が原作。陶芸にひたむきに没頭する姿と、白血病を患う息子への強い想い。器を焼くための炎を見つめる田中裕子の真摯な眼差しが凄まじい。

駆け出した者をつかまえ抱き締めた記憶も白い表紙に綴じる

『ミス・ポター』(2006年　アメリカ・イギリス)
監督=クリス・ヌーナン　脚本=リチャード・モルトビー・Jr
出演=レニー・ゼルウィガー、ユアン・マグレガーほか

「ピーター・ラビット」シリーズの絵本を創作したビクトリアス・ポターが絵本を描き始めるまでの恋と青春を描いた物語。一九〇〇年代初頭のイギリスの湖水地方の美しい風景の中でうさぎたちが活躍する世界が蘇る。

とりかえしのつかないことをしたあとで冷えたヤキトリ串よりはずす

思い出はきらいなんです愛玉子《オーギョーチ》銀杏の並木さかさに歩く

ポップコーンこぼして弾みながら手をふる女の子ではなかったか

『転々』（2007年）

監督・脚本＝三木聡　原作＝藤田宜永　出演＝オダギリ・ジョー、三浦友和ほか

藤田宜永の同名小説が原作。借金を抱えた大学生と借金取りの中年男がなぜか東京を横断する散歩を開始する。男は大きな秘密を抱えていた。三木監督ならではのコネタも見どころの、おかしみと残酷さが表裏一体の映画。

かりそめの家焼き払い焼き払い歌わせられた悲しみを言う

『アダムス・ファミリー2』(1993年　アメリカ)
監督＝バリー・ソネンフェルド　脚本＝ポール・ラドニック
出演＝アンジェリカ・ヒューストン、ラウル・ジュリアほか

幽霊の一家アダムスファミリーシリーズの第二弾。アダムス一家に赤ん坊が産まれ、若いベビーシッターが雇われた。しかし遺産目的だった彼女は独身のフェスターに近づき、波乱が起きる。サマーキャンプのシーンが圧巻。

泣いているような笑っているような幻の蝶、幻の象

『オアシス』(2002年　韓国)
監督・脚本=イ・チャンドン　出演=ソル・ギョング、ムン・ソリほか

ひき逃げのの罪で服役し、刑を終えたばかりの青年が被害者一家を訪ね、部屋に一人でいた脳性まひの娘と出会う。娘は家族から見捨てられていたが、熱心に通い、語りかけてくれる青年に次第に心を開いていく。

瞳《め》を開き過去を咀嚼し生きていた海亀たちの血の色を飲む
神様の両翼として老いてゆく姉妹の襟のかすかなふるえ

『バベットの晩餐会』（1987年　デンマーク）
監督・脚本＝ガブリエル・アクセル　出演＝ステファーヌ・オードラン、
ジャン・フィリップ・ラフォンほか

一九世紀のデンマークの貧しい海辺の村に住む老姉妹は、牧師だった父の教えを嗣《つ》いで禁欲的に生きてきた。そこにかつてシェフだった女性がフランスから亡命してくる。彼女はある日、本格的なフランス料理を村人に振る舞う。

〈初出〉

春陽堂書店オウンドメディア連載「心で観た風景」（二〇二一年十一月〜二〇二三年七月）。『いつか読書する日』のみ、朝日新聞「私の描くグッとムービー」（二〇一九年十月二十五日）に掲載の絵を再録、本文は書き下ろしです。
光の名前　〜映画短歌〜は、書籍『青卵』『回転ドアは、順番に』『十階』、雑誌「短歌研究」（二〇二二年一、二月号）、角川「短歌」（二〇二二年二月号）掲載の短歌を再録、加筆しました。

著者略歴

東《ひがし》　直子《なおこ》

歌人・作家・イラストレーター。1996年歌壇賞受賞。歌集に『春原さんのリコーダー』『青卵』など。小説に『とりつくしま』『さようなら窓』『階段にパレット』ほか。2016年『いとの森の家』で第31回坪田譲治文学賞受賞。エッセイ集に『千年ごはん』『愛のうた』『一緒に生きる』、書評&エッセイ集『レモン石鹸泡立てる』など。穂村弘との共著に『短歌遠足帖』、くどうれいんとの共著に『水歌通信』などがある。2022年、自身の一首が原作となった映画『春原さんのうた』(杉田協士監督)が公開。2024年、映画『とりつくしま』(東かほり監督)が公開予定。近著に初の詩集『朝、空が見えます』。

【公式サイト】
「直久」https://www.ne.jp/asahi/tanka/naoq/
【X】
@ higashin

魚《さかな》を抱《だ》いて　私《わたし》の中《なか》の映画《えいが》とドラマ

2024年2月28日　初版第1刷発行

著者　東　直子
発行者　伊藤良則
発行所　株式会社春陽堂書店
〒104-0061
東京都中央区銀座3丁目10-9 KEC銀座ビル
TEL:03-6264-0855（代表）
https://www.shunyodo.co.jp/
印刷・製本　ラン印刷社

本書へのご感想は、contact@shunyodo.co.jp にお寄せ下さい。

ISBN 978-4-394-98008-7
C0092

Printed in Japan